JN139292

超訳
モンテーニュ
中庸の教え

Les Essais

Michel Eyquem de Montaigne

モンテーニュ
大竹 稽 編訳

Discover
ディスカヴァー

超訳　モンテーニュ　中庸の教え

はじめに

モンテーニュは1533年、フランスのサン・ミシェル・ド・モンテーニュという村に生まれました。ボルドーが所在するジロンド県と隣り合うドルトーニュ県にあるこの村に、モンテーニュが生まれ、死んでいった館があります。ボルドーと聞けばまずワインを思い起こす方も多いでしょうが、この村もまた、葡萄の匂いに満たされたのどかな村です。

モンテーニュが生まれた当時、日本は天文年間。種子島に鉄砲が伝来し、織田信長、上杉謙信、毛利元就らが、天下に威名を轟かせる一歩を踏み出した時代です。

日本もここから戦国時代に入っていきますが、モンテーニュが59歳まで生き切った16世紀後半のフランスは、フランス史上最大の混乱期といっても過言ではないでしょう。

戦争といえば諸外国とのものを思い浮かべるでしょうが、国民にとって最大の厄災は内戦ではないでしょうか？　しかもそれが、宗教の名を借りた政争ですから、もはや名状し得ない大混乱となるでしょう（この点は戦国日本とまるで違います）。

「宗教戦争」や「サン・バルテルミの虐殺」という言葉に聞き覚えのある方もいらっしゃるでしょう。かく言う私は、初めて「サン・バルテルミの虐殺」を知ったとき、ゾワゾワ鳥肌が立ったことを覚えています。人間はここまで残酷に非道になれるのか……と。国内はカトリックとプロテスタントに分裂し、そこに権力闘争が滑り込み、フランスは稀に見る無秩序に叩き込まれました。

モンテーニュは、混迷極まるこの時代に、公人として「奮戦」しました（どれほどの奮戦具合だったか紹介したい気持ちは山々ですが、割愛するしかありません。ただ、剣を持って戦ったというより調停に奔走していたことは記しておきましょう）。

彼が思想家と呼ばれるのは、学者だったからではなく、『エセー』という書物を残したからなのです。

今や大思想家となったモンテーニュは、モラリストの始祖とも呼ばれます。モンテーニュは体系的な思想を形成しなかったので、彼の名が哲学史の教科書に出てくることはありませんが、世に名高い数々の大哲学者たちが『エセー』を読んでいるのは、周知のところです。パスカルしかり、ルソーしかり、日本では西田幾多郎しかり。そして、ニーチェしかり。「モラリストとは？」に答える紙幅はありませんので、ニーチェによるモラリスト評を抜粋しておきましょう。

「真摯であり偽善を持たない」
「ドイツのすべての形而上学者の著書を集めてもなお匹敵しない現実的な思想を持っている」
「愚劣や無気力や虚栄から解放されるためにモラリストの書は読まれるべきである」

モンテーニュが大思想家に「なった」のは、本人がそう「なろう」としたのではなく、後世の私たちがそれを「求めた」からでしょう。モンテーニュ自身が書き残しています。
「もし将来、誰一人わたしの本（『エセー』）を読まなくなるとしても、わたしは自分の時間を失ったわけではない」
《Et quand personne ne me lira, ay-je perdu mon temps, (…)?》
《嘘を言うことについて》という章の一節です。

先ほど「公人として奮戦」と紹介しましたが、モラリストが「現場」を持っている点は特筆すべきでしょう。モラリストにはラ・ロシュフコーやパスカルもいますが、彼らは各々の現場で戦い抜いた思想家です。恋愛をし、家族を持ち、任務を果たし、友人や家族たちの死に立ち会い（モンテーニュは五人もの幼い娘を亡くしています）、自らの生を全うした者たちなのです。要するに、彼らは筆ではなく「血と肉で書いている」のです。
私は思います。現場があったからこそ、彼らの息遣いが何百年後の「私たち」まで届くのではないのでしょうか？

さて、モンテーニュのバランス感覚は、「現場一筋」でないところにも現れます。彼は要請に応じて現場に出ますが、内省の時間にとにかくこだわります。内省する場所にも、特有のこだわりを見せます。ある意味、「超わがまま」とも言えるかもしれませんが、それによって後世へのメッセージが着実に磨かれていったのです。ここを欠いては、モンテーニュが大思想家となることはなかったでしょう。

『エセー』の中でモンテーニュが思索し続けたテーマには、「死ぬ」「生きる」「判断力」「無常」「無知」「自然」などがあります。

そして、どのテーマについても答えを出すことはありません。自分の思索の巡り合わせを、ただ記述していきます。ですから、彼の言葉は、命じるのではなく、私たちに示唆を与えるにとどまります。ここもまた、彼の魅力の一つです。

モンテーニュは決して、自らを地上から乖離させません。あけすけに自らを暴露します。「結婚には向かないんだよな」「結石って痛いよね」「ハゲでなにか？」「死に方なんてわからんわい」「楽しくないことはしたくないね」「怒鳴ってしまうこともあるわな」等々……。

きっと、モンテーニュが記述する数々の姿を、あなた自身にも見出せることでしょう。

魅力はまだまだあります。モンテーニュの卓抜した洞察力は、私たちがぶつかっている問題を予知しています。「多様性」「知識（情報）」はその最たるものでしょう。「多様性というなら、自分が一番多様（定めない）じゃない?」「知識に使われるな！　知識を活かせないなら、そんなもの捨ててしまおう」「中庸」に対する思索もまた、抜群のバランス感覚の賜物です。「断定はしない。ただわたしはそう思うだけだ」「徳は断崖絶壁の頂に据えるものじゃない」「六十歳でも学生のような姿勢でいたい」等々。これらは、彼の品格も表現しています。

ところで、『エセー』は、フランス語の《Les Essais》を日本語読みしたものです。《essai》は英語で《essay》と変化し、日本語では「エッセー」として定着しました。「エッセー」の同義語として「随筆」がありますが、三大随筆の一つである『徒然草』との類似性は、思想内容や文体、そして生の人間への呼びかけ等、小林秀雄も認めるところです。

「心にうつりゆくよしなしごと」が「そこはかとなく」書き留められた『エセー』、その最高の魅力であり最大のテーマが、「自分」です。まさに、「自分を探そう」とする私たちへ、何百年も前から温かいエールを送り続けているのです。「ありのままって?」「無知であることを潔く認めてしまおうよ」「ブレない自分なんているのかい?」……。

『エセー』は、現代の日本人の身にこそ、沁みるのではないでしょうか。自分の目ではなく他人の目を気にすることが多い私たち日本人の背中を押してくれるメッセージが、随所に現れます。「他人の目で自分を見られるかい?」「名を残すより、生きることが大事だよ」「結果なんて問題にならんわい」……。

さて、饒舌もここまでにしておきましょう。最後に、ストロウスキーというフランスの文学者による読み方指南を紹介しておきます。

「まっすぐに読もうとしてはならない。『エセー』と対話しよう。繰り返し開いたり閉じたりしているうちに、モンテーニュの思想とあなたの思想が合体していくだろう」

それではみなさん、モンテーニュとともに良い旅を!《Bon Voyage!》

大竹 稽

目次

Ⅱ 人生について

Ⅲ 幸福について

Ⅳ 誠実さについて

V 判断力について

VI 学びについて

Ⅶ

無常について

Ⅷ　死について

I 自分について

001

自分の考えをどんどん出してみよう

きみは、自分の考えを口にするのをためらってしまうんだね。

それは自信がないからのようだね。

よくわかる。

わたしだって、自分の能力をそれほど頼りにしていないし、自信満々で意見を述べることなんて、まずない。どちらかというと、わたしの能力は高いほうではないだろう。

でも、それでいいんだ。

わたしは自分の考えを、生まれたままの状態で、かっこうもつけずにどんどん出してやるんだ。たとえ、ほかの人の考えと比べて欠点が多くても、それを取りつくろうことはない。

欠点は恥にはならない。取りつくろうことが恥になるんだ。

こうしてようやくわたしたちは、自分らしい考えを認められるようになる。

002

わたしはこれでいい

一人の画家がわたしの肖像画を描いてくれた。

そこにいたのは、ハゲかかった白髪まじりの男だった。

それでいい。それがわたしなのだ。ハゲも白髪もシワも、わたし自身なのだ。

わたしはその肖像画を見て嘆くどころか、「わたしもようやくここまで来たか」と喜んだ。

外見だけでなく、わたしの思考や意見も同じだ。

わたしの思考が、ほかの人のものと比べてどれほどみすぼらしく見えても、それはわたしが生み出したものなのだ。わたしの思考はわたしが信じるものであって、ほかのだれかが信じるか否かは、どちらでもいいことだ。

わたしたちは、なにも隠さず、なにも嘆かず、堂々と素直に自分を表していればいい。

003

「ありのままの自分」なんてない

きみは「ありのままの自分」を見たことがあるか？

いつでもどこでも確実で不変の「ありのままの自分」を見せられるなら見せてほしいものだ。

そんなものあるはずないじゃないか。

わたしのように自分を注意深く観察してほしい。自分というものが、定めなさと愚かさに満ちていることに気がつくだろう。これらから抜け出すことは、自分自身から抜け出さない限りできはしない。

それは無理な相談だ。

わたしたちはただそのことに気がつけばいい。

004

自分自身を楽しもう

結局、わたしたちを邪魔するものは、わたしたち自身なんだ。

きみは、きみ自身を追い求め、いたるところできみ自身への不満を口にしていないか？

それは自ら自分を突き放し続けることだ。

「お前の持っているもので満足せよ」という古来の教訓は、とても有益で理解しやすい。

でも、わたしのように揺らいでしまう者には、それを実践することはなかなか難しい。どうやら、わたしより賢い者たちにはもっと難しく、有言実行とはいかないようだ。

だからわたしは、自分の性質である揺らぎと定めなさを楽しんでしまうことにした。きみも一緒にどうだろうか。

005

自分は特別な人間ではない

きみはなにごとにもビクともしない人間になろうとしていないか？

きみという人間を、金色に輝く特別な存在に仕立てようとしていないか？

わたしは、ありふれた人間だ。

繊細で傷つきやすく、不快なことが続けば気持ちがくさくさしてくる、どこにでもいる人間だ。

でも、それでいいと思う。いつも笑顔でいることなんてできないのが人間なんだ。

さて、不快なことが続いたらきみはどうするだろうか？

わたしは、そんな場所にとどまらず、さっさと居場所を変えてしまうことにしている。

なぜなら、わたしは特定の場所にしかいられない特別な存在ではなく、どんな場所にもいられるありふれた人間だからだ。

009

自分なんて不完全なままがいい

自分を完璧にしようなどと思わないほうがいい。そんなことでは、いつか必ず、借り物で勝負することになってしまうだろう。

借り物は重荷になる。荷が重くなればなるほど、きみだって自分の調子が崩れていくだろう？

わたしもきみも、自分なんて不完全なままがいい。

わたしはそんな不完全な自分と約束をする。約束というものは、だいたい自分とするものだ。ほかのだれとしてもいいだろう。だが、果たすべき約束は、自分とした約束だ。他人とする約束は束縛になるが、自分とする約束は自由だ。

自分との約束を破るくらいなら、わたしは法律や牢獄を破るだろう。

007

人間の価値は意志にある

きみは、人間の価値はどこにあると考えるだろうか？　考える力か？　それとも理性か？

それらもまた人間の価値の決め手となるだろうが、真価は意志にこそある。

肩書や家柄や財産が意志を持てるだろうか？　鎧や剣に意志が宿るだろうか？

どれほど高価な宝石だろうと、そんなところに価値はない。

きみは今、不遇の中にいるかもしれない。だが、今こそチャンスだ。

人間の真価は不運や逆境に現れる。

今こそきみは、自分自身への確信を少しもゆるめず、むしろその「幸運」を両手で受け取り、仏頂面せず快活でいようじゃないか。

008

後ろへの一歩も前進だ

わたしは、人の鑑《かがみ》になれるような人間ではない。自分のことを優等生だと思ったことは、一度もない。わたしの友人たちは、わたしがどれほど自己流を貫くか、何時間でも語ってくれるだろう。

そんなわたしだから前に進んでばかりではいられない。しばしば、後退してしまうことがある。わたしにとって後ろへの一歩も前進なのだ。

後退とは、歩いてきた道を修正することだときみは思っていないか？

そんなことはない。わたしは自分の歩いてきた道を決して修正などしない。『エセー』を訂正するくらいなら、わたしは同じ量の『エセー』を新しく書き直すだろう。

009

中庸とは無理をしないことだ

「中庸」という言葉を、きみも聞いたことがあるだろう。さて、きみはこれをどのように説明するだろうか？

中庸にはさまざまな面がある。まず、中庸とは無理をしないことだ。また、自分にふさわしいことをするのも中庸だ。

若いときの体力や気力や外見を維持しようとすることは、行き過ぎというものだ。

自然のものは中庸である。

自然にはないものを望むのは、道理に合わない。

泣きたいときに笑顔でいなくてもいい。肉体の衰退は嘆くものではない。風邪を引いたら、笑ってはいられないだろう。

中庸とは、精神の平穏でもある。

わたしはわたしにふさわしい速度で走る。その速度とは「ゆっくり走る」ということだ。これもまた中庸というものだろう。

010

探しものはきみ自身の中にある

きみは、自分が何かを欠いていると思ったことがあるだろうか？　そして、その穴を埋めようとしたことがあるだろうか？

そんな時もあるだろう。

きみの内側がどのようになっているかわからないから、外へ出て探そうとするのだろう。

でも、探しものはきみ自身の中にある。

背を伸ばそうとして竹馬に乗っても仕方がない。だって竹馬に乗るのは自分の脚ではないか。

権威を見せつけようと玉座に座っても、やはりわたしたちは自分の尻で座らなければならない。

自分の存在を楽しむことができるとき、わたしたちは神のように無欠であると言えるのだ。

011

いつも変わらない自分などいない

「いつも変わらず、確実な自分でいたい」ときみは願うだろうか？

むしろ、その気持ちがきみの動きを妨げているかもしれない。

わたしは、不確実な状態に委ねることにしている。それは、答えにではなく、疑問の状態に委ねることだ。確実な知ではなく、無知というあり方に身を任せることだ。


わたしたちは、身の丈に合わない上等なものをイメージしてしまう。

競馬場で全力疾走している馬を見ただけで、その馬のすべてを理解したと早合点するようなものだ。草を食べているときも、馬屋で休憩しているときも、これらすべてが合わさってその馬の実力だ。本番だけにその馬がいるわけじゃないだろう？


きみもまた、さまざまに変化するだろう。

中には、だらしない姿や認めたくない姿もあるかもしれない。だが、高級なのも低級なのもすべてがきみ自身なのだ。

012

自分を明らかにせよ

わたしたちのだれにでも等しく与えられている才能がある。

その一つは、自分を明らかにする力だ。

わたしは学問に打ち込むことはない。学問とは自分に打ち込むためのものなのだ。

わたしは他人に教えることはない。自分自身に教えているのだ。

それにしても、ほとんどの人がこの力に気づいていないのは、いったいどういうことだろうか？　きみはどうだ？　その力を発揮できているか？

「ばかなことをしないように」とか「損をしないように」と他人の目を気にして、その天賦の力をしまい込んでいないか？

013

揺れ動きこそが自分なのだ

自分の欠点を避けることは、その欠点へと向かわせることになる。だからわたしは、欠点を認め、欠点と付き合うことにしている。わたしの精神の歩みは、あちこちさまよい、どこかに定着することはない。わたしの精神の顔つきは、捉えきれないほどの変化をし、同じ表情をすることはない。

自分の揺れ動きを描写しようとすることは、難しいことではあるが、とても有意義なことだ。

もし、きみが難しいと思うのなら、きみが揺れ動きを認めようとしていないからだろう。

揺れ動くさまを取捨選択してはならない。

欠点だろうが、病気だろうが、クセだろうが、それをだれがどのように評価しようが、丁寧に描写してみようじゃないか。

わたしたちは揺れ動く。その揺れ動きこそが自分なのだ。

014

うぬぼれてはいけない

うぬぼれには一つの原因がある。

それは、自分と表面的にしか付き合っていないということだ。

うぬぼれている人たちは、自分と付き合うことでさらにいい気になってしまうだろう。ほんとうの自分とは無関係の自分、第三者が見るようにして幻想の自分をこしらえているのだ。

もし、きみが自分の中にうぬぼれを発見したら、そんなきみに言ってやろうじゃないか。

「人を見下すその視線をちょっと上へあげてみろ。自分が足元にも及ばない、自分を踏みつけるばかりの人物が何千何万といるぞ」

015

状況は変えられないのだから自分を変えよう

逆境にいたとき、きみはどんなことをしただろうか？

苦しい境遇や、危険な状況に陥ると、わたしたちはどうにかしてそこから逃げ出すことばかり考えてしまうものだ。

だがわたしは、そのような状況に置かれても、逃げることに心を傾けないようにしている。というのも、出来事のほうは調整できないからだ。調整できるものはただ一つしかない、それは自分自身だ。

与えられた運命をかわしたり、振り払ったり、押し伏せたりする力は、わたしにはない。ましてや、そのようなものに耐え続ける力もない。

状況がわたしたちに順応することはない。だったら、わたしたちが状況に順応してしまおう。

016

自分自身を信じてこそ、進歩できる

きみは、きみ自身を信じているだろうか?

わたしは、他人からの信用を受けるに足る権威も実績も持っていないが、自分のことは信じている。

だからわたしは、日々、新しいことを学べる。そしてわたしは、日々、変化していく。

明日のきみは、今日のきみではない。そんなきみだからこそ、自分自身を信じられるのではないか?

017

自然に教えてもらう

　自分というものを正しく知るには、自分を正しく鏡に映してみなければならない。

　その鏡とは、自然だ。人が作った鏡は、きみの姿を歪めてしまうだろう。いっぽう、自然に不正はまったくない。

　いまや、数え切れないほどの見方、意見、習慣がある。そして、そのどれにも適当な理由があるだろう。

　そんな中で、わたしたちは正しい判断をしなければならない。しかしその判断が完璧であることは決してなく、常に不完全でしかない。

　この「正しさ」を教えてくれるのが、自然なのだ。自然はわたしたち自身の手引書にもなるのだ。

018

自分の性格にとらわれるな

きみはしばしば聞かれるかもしれない。「あなたはどんな性格ですか?」と。

聞きたくなる気持ちはわからないではないが、自分の気質、性格に自分を釘付けにしてはいけない。それでは自分の変化を拒むことになってしまいかねない。人生を台無しにしてしまいかねない。

わたしたちに備わった根本の力は、自分を適応させられるところにある。

ある一つの生き方に執着する人がいる。自分のモットーに束縛されている人がいる。しかし、多様なものに柔軟に応じられる人たちこそ、真に生きていると言えるだろう。

人生は不規則な動きをするものだ。もし、きみが自分の性質や傾向にとらわれていたら、きみの人生に応えられなくなってしまうだろう。

019

自分は「バカ」かもしれないが、ずっとそうなのではない

わたしが自分に向かって「この馬鹿野郎」と怒鳴らない日はない。

きみはだれかに、「バカ」「アホ」などと叱られたことはないだろうか？　もしくは、自分のことを「バカ」と思っていないだろうか？

わたしも部下たちを叱るときは、腹の底から叱る。見せかけではなく、大声で「馬鹿野郎」と叱りとばす。

でも、それだけだ。

事がおさまれば、その呼び方を部下たちに縫い付けておくことはしない。叱り飛ばしたすぐ後で、「きみはしっかりしている」と褒めることもある。

自分にも同じことが言えるのだ。

「バカ」であるのは自分の一面でしかない。そんなものが自分の定義になるはずはないのだ。

020

自分を隣人のように観察してみる

わたしは自分を、一人の隣人のように考察する。一本の木を観察するように、隔たりを置いて念入りに見澄ます。

それができなくなるほど、自分を愛してはいないし、自分に結びつけられていないし、自分にからみついてもいない。

隔たりがあり過ぎて自分が見えなくなることもない。

きみも自分を観察してみよう。さて、きみはどんな自分を認めるだろうか?

これだけは気をつけよう。自分について見て取った以上のことを言うのも、自分について見えなかったことを言うのも、自分への不敬になってしまう。

021

自分自身を他人に差し出してはいけない

たいていの人は、なんの見返りもないまま自分の金を他人に与えることはしないだろう。

だが、人々は、自分自身を他人に支配されて苦にしないようだ。

なぜだろうか？

彼らは、自分の仕事をするのではなく、人の評価のために仕事をしている。彼らは自分自身のために自分の才能を使わない。彼らが隷従している自分以外のもののために自分を貸し出している。

自分を貸し出し、すっかり自分を握られてしまった者たちを見てみようか。彼らは、仕事のために仕事をしている。自分のために仕事をしていないのだ。だから、落ち着けず、常にさわがしく動き回っている。

きみの周りにもいないだろうか？　どうも彼らは、動き回っていないと死んでしまうかのようだ。それはそうだ、とわたしは思う。自分の持ち主は自分しかないはずなのに、それを外に求めているんだから。

022

自分自身から一度離れてみよう

ソクラテスは、旅行をしたのに人生が好転した様子がないと不満を言った人に
「それはそうだろう。あなたは自分を一緒に連れて行ったのだから」
と答えた。

自分を鎖でつないでどこにでも引きずっていく人たちがいる。
そんな人たちにとって、ふだんの場所から離れることは、あまり役に立たないだろう。本当は自分自身のあり方から離れなければならないのだ。

きみが今、もやもやしていたり、くよくよしていたりするなら、チャンスだ。
一度、きみの手元から、自分を切り離してしまおうじゃないか。
自分のあり方を観察し、自分の動きを記してみようじゃないか。
それから、自分を取り戻せばいい。

023

自分にできる限り安い値段をつける

わたしは初めから、自分をできる限り安い値段で買い取っている。だから、地位や勲章のようなものは、もらってももらわなくても、わたし自身は一向に変わらない。

自分自身を満たすために善いことをするから、世間の人たちに褒めてもらわなくても、なんの問題もない。

世の人々の基準に逆らうような判断をしたからといって、心が乱れることはまったくない。世の景気に左右されることも、まったくない。

誹謗についても、もともと自分を安く買っているから、ほんのわずかな忍耐があれば、対処になんら困ることはない。

この方法で、わたしの人生は、なかなかいい調子で運ばれているようだ。

さて、きみは自分に、いくらの値段をつけているだろうか?

024

自分で自分自身を傷つけるな

痛風にかかった一人の男が、こんなことを言っていた。

「発作が起こるたびに、わたしはソーセージやハムや牛タンを呪う。そうすると、ちょっとすっきりするんだ」

さてきみはこの男を笑ってはいけない。

わたしたちの魂とは、こういうものなのだ。

わたしたちの魂は、つかまりどころを与えてやらないと、みさかいなく何かにつかまろうとする。魂は、偽りのくだらない対象をこしらえてしまうのだ。

こうして、きみ自身がきみを傷つけることになる。

怒りや苦しみで振り上げた拳は、必ず目標を誤って、硬い物にぶつかるだろう。

痛いのはだれか？　きみ自身だ。

わたしたちの魂とはこういうものだと知って、きみはどうする？

これはわたしからのプレゼントだ。日々、問い続けることで、きみの日々は確実に変わっていくだろう。

025

自分を主題にする

なるほど、人はわたしに助言してくれるかもしれない。

「自分を主題にするといっても、わたしは稀有で有名な人物について知りたいのだ。偉大な業績を成し遂げた人物だけが、多くの人に知りたいという気持ちを起こさせるのではないか」

たしかにそうだ。

仕事をしている人たちが、普通の人が窓の外を通るからといって、仕事から目をあげることはないだろう。

店も仕事もほったらかしにしても見に行きたいのは、評判の有名人が通るからだ。自己を知らしめることを許されるのは、模範となる人物に限るだろう。

まあ、そのおとがめはもっともだ。だが、わたしには関係ない。

わたしはここで、教会や広場に据える立派な像を建てようというのではない。

わたしは、書斎の片隅で、家族や友人や隣人たちと楽しむために、自分を主題にした本を書いている。

026

自分をそのままに愛する

自分を値打ち以上に鑑定することも、値打ち以下に抑えることも、どちらもわたしは感心しない。どちらも無分別な自己愛だ。

だが、正当な自己愛もある。わたしを例にしてみよう。

わたしの言葉は、あまり洗練されておらず、ごつごつしている。どちらかというと、奔放な話し方をする。それがわたしの気質に合っている。

だからといって、わたしの値が下がることはない。

わたしの文体も同じように、整っておらず、上等とは言えない。

わたしの背丈だが、これは平均以下だ。

いっぽうで、人がうらやむところも持っているだろう。

いずれにせよ、これらはすっかりわたし自身のものになってしまっている。

すっかり溶け切って、わたし自身になってしまっているのだ。

そういうものだからこそ、自分の正当な値の材料になっているのだろう。

027

自分のイメージなど持たないほうがよい

きみは聞くかもしれない。

「それにしても、よほどしっかり自分を持っているんですね」

とんでもない。

わたしは、自分自身を所有してなどいない。自分をしっかり支配しているということもまったくない。

むしろ、真逆だ。

自分を探しているところに、自分が見つかったことなど一度たりともない。自分というのは、偶然の出会い頭によって発見されるものだ。

「これだ」という自分のイメージなど持たないほうがいい。自分について説明なんかすることもない。

それは、きみがたまたまいるその状況次第なのだから。

028

思想は有益で快適であればいい

地に根を下ろしながら籠を編む仕事を、卑しいと見下す者もいる。

権力や影響力を持ちたいのだろうか？　そんな者たちの上等な弁舌こそ、下卑たものだ。

わたしが家事に無能だからといって、「耕作の道具、ぶどう酒の作り方、庭木の育て方、草や果樹の名前や形、食べ物の名前や作り方、着物の名前や値段に関心を持ったほうがいいでしょう」と迫ってくる者もいて、わたしに死ぬほど辛い思いをさせる。

わたしにとって、そんな知識は厄介なものなのだ。

思想を使って塔を作り、その高みから俗世を見下ろそうという野心は、まったくない。わたしにとって思想は、慎ましく、有益で快適であればいい。それでこそ、まことの思想であり、健全な思想となるのだ。

029

人物を判断するのに財産や地位は必要ない

痛風の発作が起こったとき、君主であるとか宮殿に住んでいるとか、財産や名誉やらが役に立つだろうか？

どれほどの金銀で身を飾っていても、土壇場では何にもならない。

大富豪であるからといって、痛みが和らいだり、痛みで歯ぎしりしなくて済むようになったりするはずはない。

人物はごまかしの効かない場でこそ試される。

馬を褒めるのは馬具が立派だからではなく、犬を褒めるのに首輪は理由にならない。

わたしたちも同じだ。

なぜ、人物だけは、台座や冠や着物をつけたまま見ようとするのか、わたしにはどうにも理解できないのだ。

Ⅱ

人生について

030

先が見えなくても大丈夫だ

「きみは何になりたいの？」、こんな愚問に付き合わなくてもいい。

わたしはここまで、手探り足探りで歩いてきた。人はわたしの業績を偉業と呼ぶかもしれないが、そもそもそんなことを成し遂げようとは思っていなかった。

ぶつかりよろめき、つまづき転びながらここまで進んできたんだ。

「何かになる」なんてのは、ずいぶん歩いてからやっとわかることなんだよ。

ここにきて実感したことをきみに伝えよう。わたしがこれから到達するどんな地点も、そこがゴールになることは決してない。到達したところでまた、何かがきっと見えるはずだ。見えるとはいっても、それはぼんやりと霧に包まれたようで、はっきりと見分けることはできないだろう。だが、そこに何かがあるのはたしかだ……。

そしてわたしはまた歩き始める。

さあ、きみも歩き始めよう。転んでもいいじゃないか。自分の手と足を頼りにすれば決して大怪我はしないはずだ。

031

自分を信じよう

きみは土壇場に立たされたことがあるだろうか？

そんなギリギリの状況で頼るべきものは「自分」しかない。

だれかが決めた基準や、だれかが先にした選択や、世間のルールなんて補助にしかならないだろう。

だがきみは反論するかもしれない。「自分なんて信用できない」と。

たしかに、わたしたちの行動は常に変動していて定まりがない。だがその定めなさこそわたしたちの本質なのだ。その定めなさに合わせようと無理をするから約束事が複雑怪奇なものになってしまう。きみも目にしたことがあるだろう、契約書や法律は極めつきに不明瞭じゃないか。定めなさを定式化しようとしてはならない。

自然のルールは実にシンプルだ。そして最高にシンプルなルールこそ、「自分」なのだ。

032

旅のように生きていこう

きみは予定どおりの人生をうらやましく思うだろうか?

人生に予定など通用しない。

あらかじめ決められたその目標は、いったいだれが決めたものだろうか?そんな目標にだれよりも早く到達したいとガムシャラに走り続ける人生って、味わい深いものだろうか?

旅のように生きていこうじゃないか。

一日一日をしっかり無理なく進もう。

目指すところに足が届きそうになければ、やめてしまえばいいんだよ。急げるときは急ごう。しかし道路がぬかるんでいたら歩く速度を緩めよう。そして、宙に浮くような希望は当てにしないこと。これが大事だ。

わたしは一日の終わりが旅の終わりになるように心がけている。わたしはわたしの足で歩いているから、どんな一日であってもわたしは満足する。

人生というのは、一日一日の連続なのだ。

033

ゆっくり急げ

わたしのモットーを教えよう。それは「ゆっくり急げ」だ。

「思い立ったが吉日」といわれるが、そんなものは当てにしない。

なかなか腰が上がらなくてもいいんだ。でも、いったん歩き始めたら最後までやり遂げようじゃないか。無理なくしっかり歩こうじゃないか。

さあ、きみも「ゆっくり急げ」。

ペースは自分の身体が知っている。遅かろうが速かろうが、だれかのペースに合わせる必要はない。のどが乾けば水を飲もう。腹が減ったら食事をしよう。慌ただしくしてはだめだ。

川の流れが変わっていたら止まればいい。流れが急で先に進めそうになければ引き返してしまおう。

ゆっくり急げる人にとっては、毎日が吉日になる。

034

人生は喜びに満ちている

「人間とは罪深い存在だ」とまやかしの学者はきみを縛ろうとするだろう。

「きみは自分が嫌いだろう。それが証拠だ」ときみをおとしめようとするだろう。

「そんな人間は、とっととこの世を去るべきだ」と圧力をかけてくるだろう。

だが、そんな言葉に耳を貸すことはない。

なぜなら、苦しみと悲しみで満たされた彼らの言葉は、きみの苦しみでも悲しみでもない。それらは、きわめて身勝手なものだ。きみの傷を利用し、彼らにとって都合のいいようにきみを動かそうとしているだけなんだ。

わたしはきみに真実を伝えよう。

人生は喜びに満ちている。

ほら、きみの目の前にひょっこり顔を出している喜びに、きみも気づけるだろう？

035

無理をしない

きみは人生というものをどのように考えている？　名を残すことだろうか？　時代を作ることだろうか？　人に褒められることと？

わたしは、「モンテーニュはなにも成し遂げなかったし、なにも壊さなかった」と言われることを望む。

わたしは無理に善いこともしないし、無理に悪いこともしない。

わたしたちは無理なことにとらわれてしまうようだ。無理をしないでいられるようになるなんて、それだけでなんともありがたいことじゃないか。

036

人生に必要なものは自分自身だけだ

きみにとって、人生に必要なものはなんだろうか?

仕事だろうか、家だろうか、肩書だろうか、名声だろうか、収入だろうか?

わたしたちの人生は、複雑になり過ぎている。

きみの人生に必要なものは、ただ一つ。そしてそれを、すでにきみは手に入れている。

そう、きみ自身だ。

わたしも、わたしだけで充分だ。そうすると、わたしの人生とわたし自身がぴったりと合わさるじゃないか。

足りないものなど一つもない。どんな人生にだって欠けているものなどないんだ。

037

「やむをえず」やるのはやめよう

なにかを強制されてきみは嬉しいだろうか？　わたしは不快だよ。

わたしは「やむをえず」なにかをすることはないように心がけている。

そして、あらかじめ引いてしまった線が「やむをえず」になっていることに、きみも気づいているだろう。

わたしは、直線だろうが曲線だろうが、あらかじめ決まった線など一切引かない。

旅がいい例だ。

右へ行くのがまずければすぐに左へ方向を変えよう。歩けない体調のときは休もう。見残したものがあれば引き返そう。

あらかじめ決められたコースをたどるだけの旅に、きみは満足するだろうか？

目的地を外れてもいいじゃないか。快適に過ごせる場所は、どこにでもあるのだから。

038

言葉だけを信じるな

わたしは言葉を当てにはしない。その言葉を発した者が、どのような人間だったかを念入りに探ったうえでないと、その言葉は信じられない。

たとえば、雄弁の父キケロだったら死について何時間でも述べ立てられるだろう。だが、それできみが勇気づけられることはない。なぜなら、キケロ自身が確信していないからだ。

セネカは確信している。だからきみに活力を与え、燃え立たせられる。

さてきみは、キケロとセネカ、どちらに導かれていきたいだろうか？

039

自分を犠牲にすることはない

自分を犠牲にし、民衆に奉仕する仕事……たしかに尊い。だが、わたしは遠慮したいものだ。「わたしたちのあらゆる選択や行動が評価される」、こんな考えを植えつけることになりかねない。世間の評価に合わせて自分を歪める……なんとも無残なことではないか。

わたしにとって仕事とは、わたしにとって適度なものであればいい。あくせくと働くことなく、まあまあの生活ができればいい。

わたしにはわたしにふさわしい、きみにはきみにふさわしい仕事をしようじゃないか。そのためにはまず、自分の精神や知恵を、だれよりもまずわたしたち自身が受け入れなければならない。

040

勝ち負けよりも、戦ったこと自体に価値がある

きみは勝ちにこだわるだろうか？　負けて悔しいだろうか？

それでいい。だが、勝利にまったくひけをとらない敗北があることを知っているだろうか？

敗北にとらわれてはいけないぞ。

きみは、戦ったじゃないか。

そうだ、勝利とは戦いそのものにあるんだ。試合に勝つことや、目標を達成することよりも、戦ったこと自体が勝利なんだ。

名誉もまた戦うこと自体にある。相手を倒したり、勲章をもらったりすることが名誉なわけではないのだ。

041

病気になっても平気で生活する

きみは病気になったらどうする?

わたしは、病気のときも、病気でないときと同じように暮らすことにしている。自分が生活している中で、ただ落ち着いていればいい。自分が育ってきた光と水を、あえて変えることはない。同じベッドに寝て、同じ長さの睡眠をとり、同じ食事をし、同じ飲み物を飲む。それが一番の療法だ。

体の調子にしたがって多少の調整はするだけで、特別な治療、特別な食事、転地療法などはしない。それは、病気に病気を加えることになりかねないからだ。

病気になってもいつもと同じことを変わりなく行う。これこそ健康と言えるだろう。

042

人生にはよいことも悪いこともあって バランスがとれている

人生には、避けられないことが起こるものだ。そして、避けることのできないものは耐え忍ぶしかないだろう。

こうして人生は調和するのだ。

つまり、人生には愉快なことも不快なことも同じように起こるということだ。どちらが欠けても、人生は調和しない。

心地よい音だけを好むような作曲家は素人の域を出ていないだろう。世の中は、心地よい音のほかに、耳障りな音、鈍い音や鋭い音、柔らかい音や重々しい音など、さまざまな音で構成されている。

同様に、人生にはよいことも悪いことも混じり合っている。わたしたちの存在もまた、このような混合によって成立しているのだ。きみにとってマイナスかもしれないことが、他の人にとってはプラスになったりするのだ。

043

自分を整える

わたしたちのつとめは、わたしたちの行動の中に秩序と穏やかさを形作ることで、褒賞を獲得することではない。

だから人間は偉大なのだ。

わたしたちの偉大さは、適正な生き方ができるところにある。前人未到の業績を成し遂げることにあるのではない。

魂の偉大さとは、高みを目指すことでもなく、前へ突き進むことでもない。それは、自分を整え、自分を限定する仕方を知ることにあるのだ。

きみもまた偉大な人間だ。

高い位についたり、財を成したり、豪邸を建てられたりしても、それらはせいぜい、きみの偉大さを補助することしかできないだろう。

044

人はそれぞれ違っていていい

きみはだれかに嫉妬したことがあるだろうか？　友人や知り合いの才能、成績、家庭などをうらやんでいないだろうか？

きみが持っていないさまざまなものに、どうしても目がいってしまうだろうか？

そんなきみに聞こう。

きみのあり方で他の人を評価するのは、間違っているのではないか？

ではなぜ、ほかの人のもので自分のあり方を左右させてしまうのだろうか？

こちらもまた、同じ間違いではないか？

与えられたものが違えば、それぞれに適した生き方がある。それだけだ。

菜食主義者だろうが独身主義者だろうが、それぞれが自分に適した生き方なのだ。

わたしときみは別だ。そしてわたしは、別であればあるほど、きみを敬い、きみを愛するだろう。

045

他人ではなく自分自身の考え方と経験を使って生きなければいけない

わたしたちは生きていくために仕事をする。

たしかにそうだ。

でも、わたしたちの第一の仕事は生きていくことだ。

思考、知恵、経験、習慣など、すべてが生きていくことそのものなのだ。

思い違いをしてはいけない。だれかほかの人の思考や経験で生きるのではなく、きみ自身の思考や経験で生きていくことだ。

もし、建築家に、自分の知識や経験ではなく、だれか別の人の知識によって建物を作るように頼んでみたらどうなると思う？

結果は、火を見るより明らかだろう。

046

権威にすがるな、自分を信じよ

きみの周りに権威にすがる人はいないだろうか?

そして、きみはどうだろうか?

権威主義の人間は、自分の力で自分を支えられない憐れな人たちだ。彼ら自身が、自分に不信を抱いているのだ。

自分をもたせかける何かを見つけ出せないほどに、彼らは自分を信じていない。たとえば、優れた役者は、普段着で平常と変わらない様子をしながら、わたしたちを大いに楽しませてくれる。自分自身が権威になっているわけだ。

いっぽう、経験の浅い見習いの役者は、顔を塗りたくり、仮装に仮装を重ねながら、野暮ったい動きをするのだが、わたしたちを一向に楽しませることはできない。

だから、自分自身の外に権威を探り求め、権威を重ね着しようとする。

むろん、これは役者に限ったことではない。

さて、きみはどちらだろうか?

047

多くの人が踏み固めた道を行け

雨の泥道をきみはどのように歩くだろうか？

わたしは、人が歩いていないところは選ばない。一見、きれいなままで残されているようだが、そこは滑りやすいところでもある。きれいな表面の下になにが隠れているかもわからない。

わたしは、すでに多くの人に踏まれているところを選ぶ。

「そんなところはぬかるんでいて足がめり込むよ」と二の足を踏むかもしれない。たしかに、足元が泥まみれになってしまうこともあるだろう。でも、踏み固められたところより下へ入っていくことはない。

それが安全で確実な歩き方だ。生きることも、これと同じだとわたしは思う。

048

教育の目的は行動する人間を作り上げることだ

ああ、わたしの国の教育は、なんと無節操なのだろう。なんと無能なのだろう。わたしたちを善良な人間にすることなく、学者にすることだけを目的としているようだ。まことの心と叡智を求め、身につけ、まことの心で行動することを教えず、「誠実」や「叡智」の綴りとか、派生や語源などを頭に刻み込むことばかりしているようだ。

そんな教育、くそくらえだ。

生きるとは行動することだよ。経験することだよ。

行動や経験がないままで「叡智」がどのようなものかわかるはずないじゃないか。だが、いまの教育は「叡智」というものをわけのわからない特別な文句として覚えさせて、口先だけの人間を作り上げようとしている。

実りある優れた教育ならば、きみの判断力を開花させ、行動を変えさせるだろう。

049

今日に満足する

生きること自体に、善悪はない。ただ、きみがどのように生きるかによって、善い場にも悪い場にもなる。

善い場であるならば、きみは一日、一日に満足しているだろう。

「昨日より今日、今日より明日」のような無謀な希望にすがらないことだ。たとえ、日々の内容に違いがあったとしても、一日はほかのすべての日と同等なのだ。

今、きみが見ている太陽も月も星々も、昨日見たものと同等だし、きみの先祖が見ていたものと同等だ。

きみの今日がこれまでにないほど不満足なものだったとしよう。だからといって、明日が別の日になることはない。明日に期待することは浅はかというものだ。

まずは、きみの今日に満足しよう。

今日が満足するものになれば、おのずと明日もまた満足いくものになる。

050

友情が最高のつながりだ

人と人のつながりよりほかに、人としてのあり方が映し出されるところはない。そして、人と人の最高に完成されたつながりこそ、友情にほかならない。

アリストテレスも「分別のあるものは、正義よりも友情のほうに気を配る」と言っている。

友情には友情以外の目的はない。仕事の種類によって左右されるものは友情ではないし、一方通行の敬意もまた友情にはならない。ましてや、利害関係などは、友情の名に値しない。

友情とは、お互いの魂が完全に溶け合っていることだ。二人のつなぎ目がまったく消えてしまっていることだ。

人は尋ねるだろう。「なぜ彼があなたの友人になったのですか?」

わたしは答える。「それは彼だったからで、それはわたしだったからだ」

051

叡智は天上ではなくすぐそこにある

ソクラテスは大地を自分の足でしっかり歩いた。

馬に乗って駆け抜けたというより、並みの速度で歩いていった。

きみも、どうかソクラテスにならってほしい。

ソクラテスは、人間の魂を地上より高みに置くことはなかった。人間の魂はただ健やかであればよかった。彼は人間一般に起こりうる数々の困難に対処していったのだ。

ソクラテスは後世のわたしたちに最高の宝を贈っている。それは、人間の叡智を空の上から引きずり降ろしたことだ。叡智というものを、正当で有用なものとして、わたしたちのもとへ送り返してくれたのだ。

052

だれにも感じ取られないい行為がいい行為だ

アレクサンドロス大王は、ある特異な体質によって、汗がさわやかな香りを放っていたようだ。

最近では、香りというものが研究され、さまざまな香りが作り出されるようになってきている。

だが、わたしにとっては、なにも匂わないことが一番いい匂いなのだ。

ところで、匂いと行為は似たようなものだ。

行為もまた、目立たせてはならない。目立つ行為は鼻につく行為だ。「自分がやりました」なんて、いちいち手を上げなくてもいいじゃないか。

自分の行為がだれにも感じ取られず、ひそやかなものであればあるほど、いい行為なのだ。

053

よい本に出会おう

きみはどんな本を好んで読むだろうか?

よい本は、わたしたち無学の人間を、無関心という泥沼から引き上げてくれる。自然で簡潔な文体で書かれていて、しかも、難解な事柄を解きほぐしてくれている。

そして、筋が通っている。

このような本に出会えば、きみはきっと、その本のことを話さずにはいられないだろう。

このような本は、教師を生徒にさせてしまうだろう。教壇に立っている者であっても、それについて話をする子供や女性たちの言葉に耳を貸さずにはいられない。

さて、きみがより多くのよい本に出会えることを、わたしは祈っている。

054

難しい問題とは付き合い方を変えてみる

ギリシア神話に、類まれな美貌と、それに匹敵する脚力を誇った娘が登場する。この娘は、言い寄ってくる求婚者から逃れるためにこんな結婚条件を出した。

「わたしと競走して勝った男と結婚する。だが、もしわたしに挑んで負けたら、その男は殺される」

多くの男が、この取引の犠牲になった。しかし、ある男がこの娘に勝って結婚した。この男は自らの脚力で勝ったのではない。恋の神が授けた三つの金のリンゴを使うことで勝ったのだ。

この男は娘が自分に迫ってくるたびに金のリンゴを道路に放り投げた。娘はその美しさに気を取られ、リンゴを追いかけ拾わずにはいられなかった。これを男は三回繰り返した。きみはこの男を卑怯と言うだろうか？　この男はただ、問題との付き合い方を変えただけだ。問題にまともにぶつからないほうがいいこともある。

055

事実そのものに向き合うのは難しい

自分の息子の戦死に、思わず栄光の冠を地面に叩きつけた古代ギリシアの戦士がいる。だが、その死がきわめて立派であったことを聞くと、この戦士は冠を拾い上げたそうだ。

同じ事実が、まったく別の意味を持ってしまうことがある。それほどまでに、事実そのものに向き合うのは、難しいことだ。

古今無双の、どれほどの勇名を馳せた武人でも、この点では凡人と同じようだ。どれほどの威光に満ちた魂でも、完全無欠に見える魂でも、こんなところではわたしたちの魂と同じなのだ。

それを知ると、わたしはほほえまずにはいられない。

056

真にバカになった者に運命はほほえむ

きみは考えたことはないか？

「運命は、どのような人物にほほえむのだろうか？」

「賢者だ」と答える哲人もいるだろうが、わたしは、「真にバカになった者」だと考える。

わたしの魂は、どんな恐怖にも堪えられるほど強靭ではない。叩きのめされたら、決して立ち上がることはないだろう。足元からすくわれたら、元に戻ることもできないだろう。

だが、こんなわたしの魂でも、ひっくり返されたことはない。

これこそ、運命のほほえみと言えないだろうか？

神は、人が耐えられない寒さを与えない。

なにもかも理解しようとなどしなくていい。「なるようになる」、こんな穏やかで、のんびりとした気持ちで生きていよう。

きみもきっと、運命がほほえんでいることに気づくだろう。

057

リラックスして歩こう

きみの精神は、緊張でくたくたになっていないか?

わたしの精神は、どのような場面においても緊張することはほとんどない。自分の力に従い、自然に運ばれるままに任せているからだろうね。

最もよい仕事には、無理な力がかかっていない。精神の最高の状態も同じように、無理な力がかかっていない。そして、自然の運びにも無理な力はこれっぽっちもない。

わたしは、最もたやすく、最も手近なところを選ぶんだ。だれがどのような道を歩んでいても、名を上げられそうなものであっても、自分の力に不相応な道は選ばない。そんな道は、わたしを緊張で疲れ果てさせてしまうだろう。

リラックスして歩いていこうじゃないか。

きっときみも、リラックスしているときにこそ、自分本来の力を感じられるはずだ。

ソクラテスは「自分の力に従って」と何度も繰り返していたのだ。

058

歩調は早めても遅めてもよい

「正しい道を歩け」と理性はわたしたちに命じる。

まあ、それはそうだが、忘れてならないことがある。

「同じ歩調で歩け」とは命じていない、ということだ。

人間としての正道を踏み外してはならないが、歩調は早めたり遅めたりすればいいのだ。

義務に没頭してしまうと、銅像のように突っ立ったままになりかねない。

III

幸福について

059

ただ流れていこう

「同じ川には二度入れない」と古代ギリシアの哲学者は言った。あらゆるものは定めなく流れ去っていくのだ。

さて、きみはこの自然の法則にどんな価値を認めるだろうか？　どんな希望を託すだろうか？

きみが置かれた逆境からの脱出？　それとも、きみの活躍の到来？

どんなものにしても、価値や希望は自然の法則とは何の関わりもない。

ただ生まれ、ただ流れ、ただ去っていく。わたしたちはこんな揺らぎと定めなさを受け入れるしかない。揺らぎと定めなさこそ、わたしたち人間の本質だからだ。

ただ流れていこう。

きっときみも、流れそのものが幸福であることを思い知るはずだ。

060

交わりは違いからしか生まれない

きみの知り合いに、旅先でも自分の習慣を固く守り、食事や入浴や睡眠のスタイルを崩さない人はいないだろうか？

わたしは土地の人たちと積極的に交流することにしている。そこには未知の発見があるからだ。

衣食住なんでも、そこで選ばれているものはその土地ごとの正しさなのだ。自分が馴染んだものと違うことで居心地の悪さを感じるどころか、わたしは愉快になってくる。違いを発見していくことがわたしにはこのうえない楽しみなのだ。

「同類だから交わる」と、きみは勘違いしていないか？　いや、交わりは違いからしか生まれないのだ。

061

自分の幸福は死後にようやくわかる

財産、肩書、褒賞など、わたしたちの生活のあらゆることに仮面が用意されている。だが、一つだけ仮面が用意されていないものがあることをきみは知っているだろうか？

それは、死だ。友達や家族の死ではなく、きみ自身の死だ。

その場面でこそ、わたしたちの真価が問われる。わたしたちの人生がどれほどの幸福に恵まれていたかがわかるだろう。

しかし、わたしたちはそれを見ることはできない。わたしたちはすでに死んでいるからだ。

わたしの幸福も、きみの幸福も、つまるところ自分の死後にようやくわかるのだ。

でも、きみはそれを嘆くことはない。すでにきみも、死に向かってここまで生き続けてきたのだから。

このことを胸に、今日から覚悟を決めて最後まで生き切ろうじゃないか。

062

わたしたちは常に幸福だ

きみは、自分が不幸だと思っているだろうか?

だが、そんなきみにこそ、現在のあり方を楽しむ力があるはずだ。

そもそも、幸福を感じるという大きな力を欠いている人は、だれもいない。だが、今の自分のあり方にほかのだれかが作り出した価値を貼り付けてしまうから、満足がいかなくなってしまうのだ。

自然が産み出しているものに、なにひとつ不要なものはない。それが不幸だと感じるのは、きみが価値や解説を付け加えているからだ。

自然が必要とする分だけ、わたしたちは常に幸福だ。それを超えたものはすべて、余分なものなのだ。

063

亡くなった人に心を尽くそう

幸福ではないと嘆くきみへ、とっておきの解決策を伝授しよう。

生きている人より、亡くなっている人に心を尽くしてみよう。

生きている人に手を差し伸べるとき、きみは見返りを期待していないだろうか？　それでは幸福に巡り合えないだろう。

だが、死者はどうだろうか？

死者は金品のお返しもできないし、感謝の言葉も伝えられない。

だが、見返りという打算を超えたところに、幸福は発見できる。なぜなら、きみ自身が最高度の徳と品を身につけられるからだ。

064

豊かさとは必要最低限のものがあることだ

きみは豊かさをどう考えるだろうか？

高価なものに囲まれていることだろうか？　貯金が有り余っていることだろうか？

人がうらやむものを持っていることだろうか？

わたしにとっては、そのどれもが豊かさではない。

豊かさとは、必要最低限のものが整っていることだ。そして、清らかに暮らしていることだ。

整っていれば、見た目がきれいだろう。清潔でいれば、掃除が楽しいだろう。

過度はすなわち貧しさということだ。

065

自分一人だけで幸福になることはあり得ない

いったい、幸福とはどのようなことだろうか？

「幸福とは必要なものを何一つ欠いていないことである」というのは、たしかにそうかもしれない。しかし、自分一人だけが何一つ欠いていないことは、むしろ不幸なことだろう。

幸福な人にとっては、自分と同じ年ごろの者たちはみな兄弟になり、年下の子供たちはみな後輩であり、老人たちはみな自分の親になる。

自然がわたしたちに授けた必要以上のものを求めないようにしよう。必要以上のものを求めることは、自分をじりじりと火あぶりにすることになる。それは自らを自らが拷問にかけることだ。

幸福とは必要なものを一つも欠いていないことだ。そして、きみ一人だけ幸福であるということはあり得ない。

幸福とは、自然がわたしたちに与えた純粋に必要なものをみんなが欠いていないことなのだ。

099

幸福とは自然のままに生きること

幸福な人は自然のままに生きている。

自然はわたしたちに適当な足や手を与えているのだ。長すぎず短すぎず多すぎず。

これはとても幸福なことだ。

同じように自然は、わたしたち一人一人が生き切るために十分な智慧を授けてくれている。智慧というのは、哲学者たちが考案する学説のような堅苦しいものでもないし、大げさなものでもない。しなやかで穏やかで健康的なものなのだ。

ああ、自然のままに生きる術を知る者は、なんと幸福だろうか。

幸福はどこか桃源郷にあるのではない。この日常にあるのだ。

ああ、そんな単純なことに身を任せられたら、なんと幸福だろうか。

067

不幸はきみをたくましくする

きみに突然の不幸が襲ってきた。

賢いきみは、きっと、自分を脅かした不幸を記憶にとどめ、原因を探り、二度とそのような不幸が起こらないように細心の注意を払うだろう。

それは、怒りに似た熱狂な状態と言えるだろう。

だが、わたしは思う。

そんな情念の炎は、きみの顔を醜くしてしまう。

不幸はわたしをたくましくする。不幸はわたしをしなやかにする。そうなってしまえば、不幸は不幸でなくなる。

不幸はきみだけに許されているのではない。

皇帝の一生だろうが平民の一生だろうが、位などには無関係にわたしたちにはあらゆることが起こりうる。そういう点で、皇帝も平民も同等なのだ。

089

自然に不正はない

自然はわたしたちにさまざまなことを約束している。

赤ん坊は自然に成長する。心地よい音が聞こえ、おいしい食べ物を味わえる。

だが、わたしたちは自然の約束をしばしばないがしろにしてしまうようだ。

きみは、自然がわたしたちに約束したことを信じられるか？

自然は無限の手段でその約束を果たしているから、多くの人にとっては非常に不確実で、頼りないものに見えてしまう。

だが、不確実なのは自然ではなく、彼ら自身なのだ。

自然に不正はない。

わたしたちも不正をしようとせず、自分だけ特別な恩恵を受けようと要求も期待もしないでいよう。

大きな幸福に恵まれていると、きみも信じてみようじゃないか。

069

自然本来の快楽を受け取ろう

わたしは日々幸福だ。きみも日々幸福だ。

こんなことを言うと、きみは愚論と一笑に付してしまうだろうか？

だが、たしかにだれの日々も幸福なのだ。ただ、自然がわたしたちにもたらす快楽の度を超さないようにしないといけない。

自然の快楽を求めることはない。なぜならすでにあるからだ。

自然の快楽を避けることもない。そんなことをすると、幸福も一緒に逃げてしまう。

避ける精神も、求める精神と同じように陰気な精神だ。この精神は決して満ち足りることはない。常にさまよい歩き、移り気だ。自然がもたらす快楽を自分の都合に合わせてはならない。

自然本来の快楽を受け取ろうじゃないか。たっぷりと、気持ちよく受け取ろうじゃないか。

きっと、きみも日々幸福であることに気づけるだろう。

070

幸運も不運も健全に見る

幸運を健全に見ることができる人は、不運も健全に見ることができる。そのような人こそ幸福な人と言えるだろう。

幸福な人は、避けることのできない苦痛を知っている。そんな人にとっては、困難もまた幸福なのだ。

幸福な人は、避けることのできる快楽の誘惑をわきまえている。そんな人にとっては、欲望が不幸を呼ぶことはない。

これら二つの扱い方を心得ている人は、なんと幸福だろうか。

薬は少しずつ摂らなければならない。これが一つ。酒は酔わないように飲まなければならない。これがもう一つだ。

071

わたしの辞書には不平という言葉がない

わたしはわたしだけの辞書を持っている。

そして、わたしの辞書には不平という言葉がない。

時が悪ければやり過ごす。あるいは、走り抜けることもある。時がよければ、腰をゆっくり落ち着ける。

ちょっと賢くなってくると、人間というのはよい時だけで埋め尽くしたくなるらしい。

悪い時がなくならないとわかれば、それを無視しようとするだろう。

冷たい雨が降ろうが、寒い風が吹こうが、わたしにとってはどのような時だろうと、よい時なのだ。

そんなわたしは、今や人生の衰退期にいる。それでもわたしは人生を尊重し、大いに楽しんでいる。

さて、きみの辞書にはどんな言葉が載っているだろうか?

072

どんなときでも幸福は感じられる

調子がよいときだけ幸福を感じているようでは、まだ十分ではない。それは半分眠った状態で幸福を味わおうとしているようなものだ。この感覚が続くと、幸福に刺激を求めるようになってしまうだろう。

わたしはどんな調子であっても、風邪を引いてようが下痢をしていようが、幸福を感じることができる。幸福に大きいも小さいもない。すべての存在に感謝を捧げられるはずだ。

さて、きみも半睡から目覚めようじゃないか。ほら、そこにある幸福が見えるだろう?

073

幸福を探していると、今の幸福が見えない

わたしの視線はどこにおいても、天のことわりが自分のまわりに静かに広がっていることを捉える。

天のことわりは、どのような恐れや悩みによっても乱されることはない。

そんな人は、過去現在未来どこにでも、自分の幸福を認められるはずだ。そして、幸福の日々に感謝できるだろう。

いっぽうで、毎日不平不満ばかりの人もいる。彼らは、今この時をただやり過ごしてしまっているのだ。というのも、彼らは現在の先へ、自分の持ち分の先へばかり気が向いてしまっているからだ。彼らをわたしは、「希望の奴隷」と呼んでいる。

気の毒なことに、彼らは幸福を血眼になって探しながら、今の幸福に無関心なのだ。

074

幸福は研究するものではなく、なるものだ

幸福を手に入れるための法則を説く人がいるが、耳を貸さないほうがいい。

幸福は法則や理論なんかを超えるものだ。

どれほど学問を積んだ人でも、どれほどの言葉を費やしても、幸福の本当の姿を見て取ることはできないだろう。

だからこそ、わたしはきみに伝えたい。

幸福について能書きを垂れるより、幸福を研究し解釈するより、自分が幸福になってしまおうじゃないか。

法則などはないが、たしかなことはある。

幸福は磁石のようなものだ。

幸福はつながり合う。幸福は磁石が一本一本の針を引きつけるように、幸福を引きつける。

だからといって、他人に磁石を期待しては元も子もないぞ。

自分自身が磁石にならないとね。

075

運命のほうがきみに導かれている

わたしたちは必ず死ぬ。当たり前のことだ。だが、死の受け止め方はさまざまだ。

死と同様に、健康・権威・学問・財産などについても、わたしたちはさまざまな受け止め方をする。

わたしたちと外的なものの関わりは、そんなものなのだ。

外的なものをどのように受け止めるかは、わたしたち次第なのだ。

ということは、わたしが幸福であるか不幸であるかは、わたし自身にかかっているだけだ。

きみにとってもまた同じことだ。

いつかきっと、運命のほうがきみ自身に導かれていることを実感する時が来るはずだ。

076

うまくいくのは実力ではなく幸運のおかげだ

わたしは、わたしの実力というものをあまり当てにしない。

もちろん、わたしにはわたしにふさわしい力があり、それを発揮できるよう心がけている。

だが、それが発揮できることそれ自体が、幸運なのだ。

わたしの仕事がうまく運んでいくとき、自分の力にではなく、そのような幸福に感謝する。

わたしはその都度その都度、慎重におそるおそる試みながらしか進めない。始めから目標までなんの障害もなく歩き通せるなどと、楽観視もしないし、うぬぼれてもいない。

そんなわたしには、いたるところに幸運が見つかるのだ。

077

自分の仕事を楽しめたら最高だ

最高に幸福な者とは、自分の仕事をそのまま喜び、そのまま楽しめる者だろう。なぜなら、自分に喜びを与えることは、それが自分自身から引き出されるものである以上、最も単純で最もやさしいことだからだ。

実は、これがとても難しい。

わたしは一人の詩人を知っているが、彼は世間の評価にまったく構わないようだ。自分のために、平然と書き続けている。

それにひきかえ、『エセー』はどうだ。この作品は、わたしに笑いかけるどころではなく、しばしばわたしをがっかりした気分にさせることがある。

わたしの身長と同じだ。わたしの身のこなしも同じようなものだ。わたしが与えられた身体にも身のこなしにも、風采もなければ威厳もない。だが、それがわたしだから仕方がない。

『エセー』がたとえ無価値であったとしても、わたしには大切な巡り合わせの賜物なのだ。

078

精神だけでなく肉体も大切にしよう

きみにもいろいろな付き合いがあるだろう？

その中に、嫌々ながらの付き合いがないだろうか？

わたしにとって、交際には心地よさと美しさが不可欠だ。それはお互いが同調していることだ。心地よさと美しさがあって初めて、お互いがぴったりと接合する。

これは、精神と肉体の付き合いにも通じることだ。

精神だけを取り上げて、肉体の心地よさを捨て去ってしまわないように。肉体の快楽という大切な面を軽蔑しないようにしよう。

精神と肉体を隔離してはならない。この二つがいがみ合っていてはならない。

この二つが連結して初めて、幸福となる。

自分の肉体を受け入れ、補佐し管理し、大切にしよう。

精神と肉体が相反せず、調和している。ああ、なんと幸福なことだろうか。

079

自分自身に無理をさせない

きみは自分自身に無理をさせてはならない。
無理をさせるとは、過度の期待をかけることだ。
ゆっくりとしっかりと、きみ自身が気に入る歩き方で歩けばいい。
天はだれに対しても寛大だ。どんな歩き方でも、それが天の巡り合わせというものだ。
そんな天がきみに授けてくれた幸福を、静かに受け入れ、楽しもうじゃないか。

080

幸福か不幸かは考え方次第だ

天は、わたしたちに幸福も不幸も与えていない。きみが幸福と思えば、どのようなことも幸福になる。もちろん逆に、不幸と思えば、どのようなことも不幸になるのだ。

天がわたしたちに差し出しているのは、幸福の素材だけだ。その素材を幸福へと変えるか、不幸へと変えるかはわたしたちの心次第なのだ。

それはちょうど、衣服がわたしたちを温めるのは、衣服自体の熱ではなくて、わたしたち自身の熱によることと同じだ。

富も、名誉も、健康も、あらゆることに、きみがどのような喜びを与えるか、それだけのことだ。他の人がそれらをどう思うかなんて、まったく関係のないことだ。

ああ、わたしは思う。

財産も名誉もほどほどでいい。心配も苦労もせずに、持っているものだけで満足できるような人間でありたい。このような人こそ、最高に幸福なのだろう。

081

不幸は考え方次第で不幸でなくなる

きみは、幸福を求め、幸福だけ自分のもとへ来るように祈っているかもしれない。

だが、不幸もまた、きみの同意を通してしかやってこないのだ。

わたしたちは、ものそれ自体によってではなく、そのものについて抱く考えによって苦しめられている。わたしたちが不幸と呼ぶものは、それ自体、不幸でも苦痛でもないし、なんでもないものなのだ。

そこに意味を与え、反応するのは、わたしたち自身なのだ。

運命はわたしたちに、材料しか与えていない。それに形を与え、味をつけるのはわたしたち自身だ。

だからこそ、わたしはきみを激励したい。

不幸がきみの同意を通して入ってくるものならば、それをくるっと幸福へと反転させることができるじゃないか？　反転させるとまではいかなくても、性質を変えることくらいはできそうじゃないか？　どうだろう？

082

きみは幸運に恵まれている

自分にはチャンスがないと恨まなくていい。自分には幸運がないと嘆かなくていい。

だって今のきみの人生は、それなしで済ましていられるのだから。

恨みや妬みにいいように弄ばれて、ぐるぐると動き回ったり、ふわふわ漂ったりしてはいけない。

自然は分け隔てなく、与えるべきものを与えている。「幸運がない」と感じるときは、きみが幸運をすっかり自分のものにしているときなのだ。

それでなにが不満なのだろうか?

きみに与えられたものを、丁寧に、規則正しく使うことだ。

よそ見をしているから、自分が恵まれていないと心得違いをしてしまう。だれも、自分の健康を愛さない人はいないだろう。だがなぜか、自分の人生を愛せる人はいない。自分の健康を愛するように、自分の人生を愛そう。

083

自分で自分を支える

あるとき、わたしに不幸が数珠つなぎで襲ってきたことがある。一度に固まって来てくれていたら、まだなんとかその攻撃をしのげたかもしれない。

しかし、そのときは列を作って攻めて来た。もはや手も足も出なかった。

そこでわたしは、これらの不幸も有用なことなんだ、と覚悟を決めた。すると、運命の恩恵ばかり期待し、自分をおろそかにしていることに気がついたのだ。

不運の中では特に、わたしたちは自分以外のものに自分を売り込もうとする。

それではだめだ。

わたしたちが売り込むべきは、自分がそもそも持っているものに対してなのだ。

きみは、自分自身による支えを出し惜しみしていないか？

不確実な支えを期待するのはやめにしよう。きみが、自分で自分を支えられるようになったら、それが一番、確実な支えとなるだろう。

084

不幸に襲われても、なんとかなる

「あなたに降りかかりうるあらゆる不幸を想像し、これ以上にない現実味をもってそれらを経験してみなさい」と助言する者がいる。

しかし、まだ起こってもいない不幸に触れようとする努力が、いったいなんの役に立つのか、わたしにはさっぱりわからない。

いつか運命がきみを鞭打つかもしれないが、今すぐに鞭打たれる必要などあるのだろうか？

きみが手綱を引いている馬が、なにかのはずみで飛んだり跳ねたり、暴れたりするかもしれない。でも、はずみははずみで、きみが想像できないものだ。しかも、たとえ馬が暴れても、それは手綱の長さの内でしかない。

手綱を握っていれば、必ず馬はきみの歩みに合わせるようになるだろう。不幸もまた、きみの手綱の長さに合わせてやってくる。だから、落ち着くところに落ち着くようにできているのだ。

まあ、わたしがきみに伝える不幸の対処の極意とは、こんなところだ。

085

幸福はそれ自身で運ばれてくる

ああ、わたしはよい香りに包まれていたい。

よい香りとは、最も単純なものだ。それは自然が放つ匂いだ。

よい匂いほど、わたしの身体に残る。そして、わたしの肌をも潤してくれる。

そんな匂いに浸っていられたらどんなに幸せだろうか。

そうそう、匂いをわたしたちの鼻に運んでくれるようなものがないからといって、不平を言ってはだめだ。匂いはそれ自身で運ばれるのだ。

これは、幸せにも言えることだ。

幸せを運んでくれる道具や手段がないからといって愚痴をこぼしてはならない。

幸せはそれ自身で運ばれてくるものだ。

086

肉体は最も美しい

美は、わたしたちが交流するために極めて重要な要素だ。不可欠である、といっていい。

どれほど野蛮な人物でも、どれほど傲岸不遜な人物でも、美の魅力に打たれない者はいないだろう。

さて、そんな美の中でも、わたしたちの肉体が高い地位を占めることを、きみは知っているだろうか？

わたしたちの肉体には、認識も承認も不要だ。そんなものを待つことなくおのずと、あるべきように成り立っている。肉体においては、あるべきものが自分のものになり切っていて、溶け込んでしまっているのだ。

こんな美しさ、きみはほかに知っているだろうか？

087

運命を支配しようとしても無駄だ

運命もまた、定めなく変化する。当然、わたしたちの前にさまざまな相を現す。

運命のはたらきが正義とぴたりと合致するときもある。

いっぽうで、運命がわたしたちをからかうときもある。

あるいはまた、人間が奇跡と呼ぶものをもたらすときもある。

医者の役目をするときもあれば、画家の役目をするときもある。

どうだろうか？　きみもいくつか、心当たりがあるだろう。

さて、「運命は人間より思慮深い」とは、言い得て妙だ。

運命とは、不思議なはたらきなのだ。

運命をわたしたちの手中に収めようと、さもしく、あさましく、策をろうさないことだ。わたしたちはただ、運命の恩恵と善意にあずかればいい。

Ⅳ

誠実さについて

088

喜びには誠実さがある

「快楽とはいかがわしいものだ」ときみは眉をひそめるかもしれない。たしかに、そのような快楽もある。しかし、そんなものは欲望に突き動かされた、人為的に作られた快楽だ。わたしたちに自然が与えてくれた快楽は、刹那的なものでも、下品なものでもない。

それこそ本物の快楽なのだ。

わたしはそれを喜びと呼ぶ。

喜びには誠実さが必ずある。誠実だからこそ、喜びは人を選ばず、だれとでも喜び合える。このような喜びは、きみをいっそう、たくましく、そしてしなやかにしてくれるだろう。

089

信頼とはなにもかも投げ出して信じること

わたしは、わたしの財布を預かる者を全面的に信頼する。

「そんなことをすればたやすくごまかされてしまうぞ」と友人は助言してくれる。

だが、わたしにはそれでいいのだ。

わたしにとって信頼とは、なにもかも投げ出して信じ切ることなのだ。

そして、わたしの家は、常にだれにでも開かれている。

「そんなことをすれば、賊に荒らされるぞ」と友人は不安がる。

しかし近隣の人たちからは大いに親しまれている。これほど長いフランスの騒乱の中、同類の貴族の家はたいへんな被害に遭っている。だが、不思議なことにわたしの家だけがこれらの被害を免れているのだ。

090

自分自身を権威とすべきだ

きみはきみ自身を権威とすべきだ。

他人からの借り物の言葉や知識、肩書や地位のような飾り物を権威にしている者もいるが、彼らは自分で自分を辱めているんだ。

しかし、借り物を身につけなければならないときもあるだろう。そんなときは、借り物であることを隠してはならない。それは第一に不正であり、第二に姑息であり、第三にきみ自身を汚すことである。

きみにはきみ本来のものがある。飾りはしょせん、飾りでしかない。そんなものを権威とすべきではない。きみ本来のものを発揮させていけばいいのだ。

091

ひたすら誠実であれ

どうも昨今は、誠実さがただの飾り物になってしまっているようだ。猫も杓子も「誠実さ」とのたまうが、そんなものは舌の先にぶらさげられる装飾品だ。

ああ、まことの行いはもうどこにもないのだろうか？

一見、誠実そうだがその行為の底には損得が隠れている。

正義、勇敢、善などさまざまな美徳が説かれるが、誠実さのかけらもない名だけのものばかりだ。

わたしはここに断言しよう。

誠実さは、誠実さによって、誠実さのためになされなければならない。

092

真実は害にもなる

「真実を言うことは決して間違いではない」と言い張る者がいる。

「真実の前に現実は譲歩しなければならない」とまで言い切る者もいる。

たしかに、真実とはそういうものかもしれない。

だが、わたしはそんなことを言う者を、とてもじゃないが信じる気持ちにはなれない。きみはどうだろう？　そんな者たちと仲よくやっていけるだろうか？

真実はだれの手にも任せられるものではない。

真実はどんなやり方で使ってもいいというものでもない。

真実を言うことは立派なことだろう。実りになることもあるだろう。

だが、むしろ実りなどないことのほうが多いし、さらには害になることもある。

それどころか、不正にもなりうるということを、きみも知っておいたほうがいい。

093

成功を真似しようとしなくていい

さまざまな成功例に、わたしたちは刺激される。

だが、成功の裏には失敗がある。

そして、どんな偉大な力にも、強さがあると同じだけ弱さがある。

わたしの弱さは、わたしの強さと同じほど正当なものなのだ。

わたしはほかの人の成功を正当に評価するが、それをマネしようとは思わない。

偉人たちの魂がマネできないほどの高さにあることを、はっきり認めようじゃないか。それが誠実さだ。だがその高さに上り詰めようなどと思わないことだ。

それも誠実さだ。

どうやら、人はマネできそうなことばかりに目が向くようだ。

わたしはわたしの道を歩いていこう。整地されていなくて問題はない。水たまりの多い道でも、泥が跳ね返ってくるような道であっても、これがわたしの道なのだ。

094

どんなことでもやってみればいい

わたしの行為は、わたし自身について語るよりももっとわたしについて語るだろう。わたしの行為は、わたしの運命についても語ることになる。行為はわたしの役割を示してくれる。

だが、きみは問うかもしれない。「自分がなにをしていいのかわからない」「自分の役割がわからない」と。

それでいいのだ。

仕方なくすることなどは、ひとつもない。役割というものも、たいてい漠然としかわからないものだ。むしろ、わたしたちは、さまざまな役割を任されているのだろう。

始めから役割などわからないほうがいいじゃないか。

どんなことでもやってみればいい。失敗しても、たいしたことではない。

わたしたちの行為は必ずつながり合って、わたしたちの本質となっていく。

095

欠点も大切な私自身だ

わたしは、わたしの欠点を知っている。

だが、わたしはその欠点を直そうとすることがあっても、引っこ抜こうとは思わない。それもまた、わたし自身だからだ。

同じように、わたしには長所もあるのだろう。

だが、わたしは、わたしの長所の価値を下げ、他人の長所の価値を高めるように心がけている。

きみにできてわたしにできないことがある。同じように、わたしにできてきみにできないことがある。

そして、わたしときみがたまたま同じものを持っていたとしても、それがわたしのものではないという理由で、きみのほうに高い価値をつけるだろう。たとえ、持ち主が馬や牛だろうと、それはわたしのものより価値があるのだ。

096

決して自分を偽らない

近ごろ、流行りの価値や、世間のうわさに合わせて、自分の信念をねじ曲げる人がいるようだが、きみはどうだ?

信念など、取りつくろえるものではない。信念に仮面をかぶせて光から隠していたら、信念が腐ってしまうぞ。

これだけは伝えておきたい。

自分を偽装することを、わたしは最も卑劣で臆病なことだと考える。

物事は、そのまま放り出してしまえばいいのだ。

どうも、最近の人々は、自分を裏切るように自分を仕立てているようだ。そんなことをしていると、偽りに慣れてしまって自分との約束をたやすく破ることになる。

誠実な人は、自分との約束を最も大切にする。そして、決して自分を偽らない。

097

だれの中にも立派な心がある

立派な心には、あらゆる可能性がある。

それは、すべてのことに対して開かれているのだ。

立派な心は持ち主も選ばない。職業や家柄にかかわらず、だれにでも開かれている。

立派な心は相手も選ばない。どんな相手にも、どんな状況にも開かれている。

きみにもその心が備わっていることを信じられるだろうか？

きみが今、どのような人物であっても、光を発する心があることを疑ってはいけない。今は、その心が厚い雲で何重にも覆い隠されていても、決して疑ってはいけない。必ず太陽はきみの中にもあるのだ。

098

苦労を引き受けて精神を鍛錬しよう

衣服や装身具は借りられる。しかし肉体は借りられない。わたしたち本来の力は、わたしたち自身の肉体からしか出てこない。

だから、わたしたちは体を鍛錬するのだ。

肉体と同じように、精神も鍛えられる。

わたしたちの精神は苦労することで丈夫になっていく。まずは、目の前のその苦労を引き受けてみようじゃないか。

099

まず自分を改める

人との交わりにおいて大切なことは、なによりも、慎みと謙遜だ。

他人より一段と優れた人間でいたいために他人を非難したり、有名になりたいために変わった言動をすることは、甚だしい誤りだ。

口は慎むがよい。

そして、誤りを発見したら即座に認めてしまうことが、正しい判断だ。誠実とは、そういうことだ。

他人のあり方を改めようとしてはならない。意見を言うのはいいが、矯正しようとしてはいけない。

一番確実なことは、これだ。まず自分を改めてしまおう。

100

「神の意志だ」などという言葉には用心しよう

「それが神の意志である」などという言葉には、十分気をつけたほうがいい。それは、「知らない」ということを利用し、信用させようとしているのだ。

どうも、わたしたちは、知らないこと、あるいは、ほとんど知られていないことほど、固く信じ込んでしまうようにできているようだ。

そもそも、わたしたちには、自然や神の本性など知られるものではない。それが、まことの無知だ。この無知を利用しようとするとは、神を恐れぬ仕業だ。

太陽の光明をもっと手に入れようと、目を見張ってしまう者は、必ず自らの傲慢の罰を受けて視力を失ってしまうだろう。

無知を利用するとは、こういうことだ。

101

神になる必要はない

今きみは、ある人物に復讐してやりたいと思っている。

このとき、きみが生来の気質によって、この復讐心を抑えることができるとしたら、なんと幸いなことだろうか。

さもなければ、きみの復讐心は狂おしいほどに燃え盛るいっぽうかもしれない。さて、幸運に満ちた気質によって、乗り越えるもののないまま復讐をあきらめてしまえるとしたら、これは一つの善だ。

このような善行は、神の行為に似たようなものだ。だが、これは徳にはならない。徳には困難を乗り越える過程が必要だから。

つまり、徳はわたしたち人間にのみ許されていることなのだ。神はそのまま善であり、寛大であり、公正なのだから、努力などまったく不要だ。

だから、神には徳行は許されていない。

わたしたちは、神になる必要はない、人間であり続ければいい。侮蔑に対して怒りを感じることもあっていい。

102

贈り物をばらまいても価値はない

「きみに実り多いことを」とわたしは祈る。

だが、そのためには、きみが自分の手で種を蒔かねばならない。

施しをするといっても、他人の費用で好き勝手にものを与えていても、きみのためにはならない。

あり余ったものをばらまいていても、それは価値のない行いだろう。

贈り物が高いとか安いとかで計るべきではない。それが、実際、きみの手で、きみの真心で行われているかどうかが大事なのだ。

種は蒔くべきもので、ばらまくものではない。そうだろう？

103

きみがより賢明になり、より行動をするように

わたしは『エセー』にたくさんの種を蒔いておいた。まあ、蒔き方が下手だったかもしれないが、そのあたりは勘弁してほしい。

方法の上手下手はともかく、わたし以上に豊かに種を蒔いた著者は、わたしの知る限り一人もいない。

そして、わたしの目算などを超えて、より豊かな、より大胆な実りにするのは、きみだ。わたしは空に向かって話をしているのではない。架空のでっち上げでごまかすことは、ヘドが出る。

わたしはきみに向かって話をしているのだ。

『エセー』は、きみが、より賢明になることを祈り、より行動することを教えるものなのだ。

104

賢くあるより誠実であれ

無知には二種類の無知がある。

一つは、知以前の無知であり、愚か者の無知だ。もう一つは膨大な知を重ねることで到達する無知だ。こちらは、賢者の無知と言えるだろう。

さて、わたしはどうやら、まったくの愚者でもないし、賢者でもないらしい。大半の人間と同じだ。きみはどうだろう?

だが、この中間の人間たちが、だれよりも知識に翻弄され、自らの不具合を直そうとして世の中を混乱させてしまう。

だからこそ、わたしたちのような者にこそ、誠実さが求められるのだ。

わたしは賢者になろうと思わない。ただ誠実でありたい。

誠実であろうとすることは、愚か者の無知の状態に引き下がってしまうことだ。

それでいいじゃないか。それは、自然の状態の無知なのだから。

105

知らない分野のことに口を出すな

どうも人は、自分の職務についてではなく、他人の職業について論じることを好むようだ。それは、農夫が戦い方を論じ、戦士が耕作について論じるようなものだ。

さて、わたしは学ぶべきところから学ぶように注意している。家の建て方は建築家から、健康や体質については医者から、戦い方については戦士から学ぶ。

きみもこの点は同じだろう。

だが、なぜ語るとなると、あまり知らないことに口を出してしまうのか？

どうも人々はおしゃべりに過ぎる。のろまな牛が、馬の鞍にあこがれるようなものだ。

きみが常に励んでいることにこそ、きみの話題があり、その話題の価値がある。なぜ、わざわざその価値を捨ててしまうのか？　そんなことをしたら、へぼな素人の評判を得るだけだ。

V

判断力について

106

ものは見え過ぎないほうがいい

「正しい判断をするためにはできるだけ多くのことが、できるだけはっきり見えたほうがいい」と言われている。きみもそう思うだろうか？

わたしはむしろ、よく見え過ぎることは害になると考える。

ものが見え過ぎる人は、進んで混乱を招くことが多い。もしくは、まったく身動きが取れなくなってしまうだろう。

選択肢はほどほどでいい。ビジョンもほどほどでいい。ほどほどに見えればいいのだ。そのほうが、わたしたちは活発になれる。

107

情報は集めればいいというものではない

きみは正しい判断をするために、なにが必要だと思うだろうか？

最新の情報？　あるいは、信頼できる情報？　あるいは、できるだけ多くの情報？

これらすべてが、適当ではない。

正しい選択をしようとあらゆる情報を探り求めようとすることは、かえって自分の判断を妨げることになる。

情報にもほどほどという度合いがあるのだ。

頭でっかちな者は、どのような役目も全うできないだろう。なぜなら、どんな役柄にも欠点はあるからだ。適度な情報があればいいのだ。そうすれば、どのような役目を任されてもきみは応えられるだろう。

108

学者が賢いわけではない

きみは出会ったことがないだろうか？

他人の苦難については弁が立つが、自分の苦難にはまったく腰が引けてしまう学者たち。

あるいは、記憶力は人一倍だが、判断力はすっかり空っぽの学者たち。

学者の服を着ていても、品格が磨かれているわけではない。そして、判断力は知識なしでも済ませられるが、逆はそうはいかない。

そんな学者になるために勉強をするのなら、外で走り回って遊んでいたほうがいい。少なくとも身体は鍛えられる。

109

判断とは正しい答えを出すことではない

わたしたちは、常に判断をしている。いまこの一瞬も、判断し選択している。ということは、わたしたちの判断力はあらゆることに適用され、あらゆるところに関係しているということになる。

きみは思っているかもしれない。「いつも迷いなく正しい判断をしたい」と。

まず、きみに伝えておこう。

判断力とは正しい答えを出すことではない。その一歩がたしかかどうかは、一歩踏み出してからようやくわかるのだ。判断とは試み続けることだ。

わたしはあらゆる機会を利用し判断を試みる。試みること自体に意味があり、その結果はそれほど重要ではない。

遠く離れたゴールを見ようとするから、判断ができなくなってしまう。そんなものにとらわれていては、一歩も踏み出せなくなってしまうだろう。わたしの足もきみの足も、一歩ずつしか進めない。その一歩を重ね続けることで、ようやく判断が定まってくるのだ。

110

先へ進めないときは引き返せ

きみは、先へ先へ進まなければならないと思い込んでいないか？

そんなきみだからこそ、伝えておこう。

判断力の一番大切なはたらきは、「先へ進めない」と知ることだ。

きみは川にさしかかっている。ずいぶん前から、川の様子を探っていたことだろう。そして、きみの前を歩く者たちを参考にするだろう。

だが、じっさい川に入ってみたら、そんなものはたいてい当てにならないことを思い知らされるだろう。

きみの背丈ときみの脚力では先へ進めないとわかったとき、きみはどうするだろうか？

溺れるな。

引き返せ。

111

全体なんて見ることはできない

「全体を見るように」と言われることがある。「全体がわかってようやく部分がわかる」とも教え込まれることがある。

それができる人は、どんな人だろうか？

わたしは、どのようなものでも全体を見て取ることなどできない。「小さなものだったら見られるだろう」というのは慢心だ。小さなものこそ、全体は捉えがたい。わたしたちに全体を見るように要求する人たちも、やはり全体など見ていないだろう。

わたしたちは、全体の一部分にしか触れることはできない。

そこでわたしは、全体の一部分を取り出し、触れるだけでなく、舐めてみたり噛んでみたりする。あるいは、触れる角度を変えてみたりする。またあるときは、その部分の骨を感じるくらいまで深く突いてみる。

判断とは、広く見ることではなく、深く見ることで可能になる。きみもやってみたらいい。

112

距離を取らなければ判断できない

あまりにも長く緊張が続くと、わたしたちの判断力はぐったりした陰気なものになってしまう。

判断には、冷静さだけが重視されているようだが、快活さも必要なのだ。判断を迫られていたとしても、きみの判断力が鈍りぼやけてしまったときは、さっさとそのことから離れたほうがいい。とりつかれてしまったら、判断などできなくなってしまうだろう。

まずは一度、距離を取る。ここが始まりだ。

距離が近すぎると視界が曇ってうまくものが見えなくなってしまう。判断力も同じことだ。

113

自分の無知を知る

正しく判断できる者が重宝されるのには、理由がある。

知識の間違いは、だれかの指摘によって気づかされることがある。しかし、判断力については、だれかが誤りを発見してくれても、わたしたちは気づかないようにできているのだ。こればかりは自分自身だけを頼りにするしかない。

だからこそ、判断力が尊ばれるのだ。

そこで、きみは尋ねるだろう。

「ではどうすれば、正しい判断ができるようになるのか？」

答えよう。

自分の無知を知ることだ。

無知を知ることこそ、最も美しくたしかな判断力のはたらきなのだ。

114

すぐに判断できないときは待つ

どちらに進むにしても、確信に足るもっともらしい理由はどちらにも出てきてしまうだろう。

そしてどちらにも進ませない疑いもたくさん出てくる。

そんなとき、きみはどうするか？

どちらに向き、どちらに進むとしても、ちょうどいいタイミングが自分の背中を押すまで待つ。選択するにあたって、進まない自由も進む自由も、自分のところにとどめて待つのだ。

たいていの場合、羽毛が風に乗って運ばれるように、運命がわたしたちを運んでくれる。

115

だれにでも判断力は備わっている

体の敏捷さ、手先の器用さ、記憶力、経験の度合いや内容、勇気など、人それぞれ違いがある。

きみも、だれかのものをうらやむことがあるだろう。そして、だれかがきみのものをねたむだろう。わたしだって、もっと手先が器用であればいいと思っている。容貌だって、もっと整っていればいいと思うこともある。

だが、そんな優劣や嫉妬とは無縁の力がだれにでも備わっていることを、きみは知っているだろうか？

それこそ、判断力なのだ。

判断する力は、だれに劣ることもなく、だれにでも天は与えている。

「自分には判断力がない」という判断はそれ自体矛盾している。このことをきみもわかってくれただろうか？

116

判断力はどこでも鍛えることができる

どんな場所でも、きみは判断を試されている。公園でも部屋でも寝床でもトイレでも、あらゆる場所で、きみは判断を試されているのだ。

乗馬、ボート、音楽、ダンス、狩猟、あらゆる行為が、きみの判断力を鍛えている。

一人でいるときも、他の人と一緒にいるときも、朝も晩も、きみは判断しているのだ。

人々との交際は、判断力にとっても非常に有効だ。通りすがりの人も、あらゆる人物が学びとなる。優れていることだけでなく、愚かさや弱さもまた教えとなる。

わたしたちが持って生まれた視野は、ごくごく狭いものだ。だから、判断力を形作るものとして哲学が必要になる。

哲学はあらゆるものを関係づける。その場その場で、あらゆる行動に関係づけていける。こうして、わたしたちの視野は広がっていくのだ。

117

自分が信じないことは
だれが信じようと信じない

きみは、自分が信じないことを信じられるだろうか？

わたしは、自分が信じないことを信じない。

「何百人も信じている」とか、「何十年も信じられてきたことだ」とわたしを説き伏せようとしても、無駄だ。

人々の数の多さが、真理の試金石になるはずがない。

118

習慣は知らないうちに暴君になっている

ある村の女の話だ。

一頭の子牛を生まれたときから腕に抱えてかわいがっていた。その後も変わらず、同じような姿勢でかわいがるようにしていた。

さて、この子牛が成牛となり、女の何倍もの大きさになってもこの女は相変わらず腕に抱えてかわいがるようにしていた……。

さて、きみはこの女のことをどう思うだろうか？　ひとごとではない。

習慣というものは、わたしたちの自由な選択を禁止してしまう暴君のようなものでもある。それは少しずつ、わたしたちの意識しない間に、ひそかに権威の足場を固めている。気づいたときには、すでにわたしたちを容赦なく虐げる暴君となっているのだ。

こうして、わたしたちは習慣に対抗することができなくなってしまう。

119

発言は謙虚であれ

「そんなことあり得ない」という発言には、十分気をつけたほうがいい。

愚かの中の愚かを、自ら人前にさらすことになってしまう。

わたしたち人間というのは、そもそも、自然の極まりない力に対して、心からの敬意をもって接しなければならない。その力は、わたしたちの命そのものだからだ。そして、そのような力に対する無知というものを、はっきり認識しながら、行動し判断しなければならないのだ。

「そんなことあり得ない」と断定することは、自らの理解力のうちに自然の力を無理やり合わせようとすることだ。

これは、傲慢だ。そして、自分の無知を知らないという愚かさでもある。

わたしたちに「見える」ことは限られている。こんな謙虚さを、きみは持っているだろうか？

120

雄弁にだまされるな

弁論を専門とする学者が言っていた。

「わたしの職業は、小さな事柄を大きく見せ、大きく思わせることだ」

ああ、これが弁論というものなのだ。見せかけの言葉にだまされてはいけない。

言葉による装飾を女性たちの化粧にたとえる者もいるが、とんでもない。たとえ化粧によって素顔が隠されたとしても、少なくともわたしには心地よく感じられる。

だが、言葉の飾りは、わたしたちの目ではなく、わたしたちの判断力に訴えてくる。

そして、わたしたちの判断力を欺くということは、物事の本性を変化させ、腐敗させることなのだ。

雄弁さを崇めるな。きみには、もっとふさわしい力が備わっているのだから。

121

反対意見を歓迎しよう

人それぞれに判断がある。

だから、判断は違って当たり前だ。取るに足らない判断もあるし、頑固な判断も、迷信に頼った判断もある。

まあ、そんなものに憤ったところで仕方がない。そんなものだと受け流そう。

だが、わたしたちを目覚めさせてくれる判断がある。それは、わたしたちのものとは反対の判断だ。これは、わたしたちを鍛えてくれる。

多くの人々は、自分と反対の意見に対して爪を出すようだ。しかし、わたしは腕を広げて迎え入れる。

きみの意見と反対のものは、きみを目覚めさせてくれるのだ。きみも、きみを目覚めさせてくれる人に、きみのほうから向かっていこうじゃないか。

122

未知に対して謙虚であれ

たとえもし、きみがどれほどのことを知っていたとしても、たとえそのすべてが真実だとしても、未知と比べたら無以下のものでしかない。

人間の最高の知識をもってしても、とてもみじめで狭いものでしかない。

どれほど立派な国家をもってしても、同じことだ。

どれほど素晴らしい発明があったとしても、同じことだ。

何かを知るたびに、わたしたちはそれが奇跡だとか、稀有なものだとか叫びがちだが、奇跡や稀有なものは自然にはなに一つとしてない。

ただ、わたしたちの知識にとって、そうあるだけだ。

きみは、学び、知り、選択していかなければならない。

きみがいたずらな結論を出さないように、わたしは祈ろう。未知には謙虚に頭を下げようじゃないか。

Ⅵ

学びについて

123

無知を大切にしよう

なぜきみはここにいるのか。これからきみはどこへ行くのか。

きみだけじゃなく、だれもが知りたいことだ。

でも、大事なことがここにある。知りようのないことは知ることはできない。

わたしたちが知り得ることはごくわずかで、表面的なことばかりだ。人生の根本に迫れば迫るほど、わたしたちには知り得なくなっていく。

わたしたちは無知でしかないのだ。

知ではなく、無知を頼りにするのだ。知っているフリなど不適切で不要だ。原因や結果など知らないままに誠を尽くすしかない。

きみもわたしも、無知を丁寧に生きようじゃないか。知に頼らず歩こうとするきみだからこそ、今まさに、きみの道はここにあることに気づけるだろう。

124

学ぶとは知識をつけることではなく心を磨くことだ

きみにとって、勉学が重荷になっていないだろうか？

それは、きみの心が借りものの知識で身動きできなくなり、息苦しくなっている証だ。まるできみの体が借りものの鎧の中に、指の先まで隙間なく、押し込まれているようなものだ。

そんな学びが愉快なはずはないだろう。

きみの心が磨かれ、よりよいものになっていかないなら、そんな知識は放り捨ててしまったほうがいい。

そして、学びは心の視力を正すものだ。

足の形に合わない靴を履いている人に、自分の足に合う靴を選ばせる。それが本物の学びだ。

学びは脚の数を増やしてくれるものではない。わたしたちをまっすぐ歩けるように整えてくれるものなのだ。

125

勉強は自分を点検し研究するためにある

きみはなにのために勉強をするのだろうか？

わたしは『エセー』を書くための勉強などしなかった。『エセー』を書いたことで勉強をしたのだ。

古代ギリシアやローマの哲人たちの頭や足に触れたり、つねってみたりして、彼らから反応をもらった。それはわたしの意見を作るためではなく、わたしの意見を補佐し、支援し、奉仕するためのものなのだ。

なにかを成し遂げるために勉強をするのではない。古典も数学も歴史も、自分を点検し、吟味し、研究するためにある。

126

真偽より無知に注意せよ

わたしたちは、容易にものを信じるようにできている。そんなふうに、自分も含め、人間というものが無知であり、単純であることはだれでも経験しているだろう。

ところできみは、真偽を区別できると思うだろうか?

もしそうなら、気をつけなければいけない。自分が無知ではなく、真偽を判別できると思い込んでいる者ほど、信じ込むという罠に陥りやすいのだ。

本当らしく見えることを妄信し、本当らしく見えないことを偽りと断定し軽蔑する。どちらも人間の思い上がりだ。

自然は極まりないはたらきをする。それは人知を超えるものだ。わたしたちは、そのようなはたらきに敬意を払わなければならないだろう。わきまえるべきは真偽ではなく、わたしたちの無知なのだ。

127

探求に終わりはない

きみは探求しているか？

わたしたちの探求に終わりなんてない。老いも若きも、みな探求し続ける。偉大な先人が、二度と越えられないような高貴な知を見つけ出していたとしても、それは思い違いだ。

どのような知にも必ずその先がある。

きみはなにに驚くだろうか？　きみはなにに喜ぶだろうか？

探求は驚きと喜びを糧にする。ほら、きみの探求はすでに始まっているじゃないか。

探求には形式もなく、限界もない。臆することはない、不規則に目的もなく永続的にきみの精神は探求し続けている。きみはきみ自身の探究心を解放してやればいいのだ。

しかも、探求の精神は、互いに呼応し、互いに活気づけ合うものなのだ。

128

哲学は生きる喜びを伝えなければならない

哲学することは死の準備をすることだとローマの哲学者は言った。

あらゆる知恵、あらゆる考察は、死を学び、死をまねることであり、それは死を恐れないところに帰着するということだ。

まあ、そんなこともあるだろうが、わたしに言わせれば、彼は冗談半分で哲学している。きみはどうだろうか？　そんな目標に積極的になれるだろうか？

大事なことが抜けている。

死を恐れなくするといっても、それが生きることにつながらなければならない。

わたしたちが、平然と、そして柔軟に生き切れるようにならないといけない。

そして、なんといっても、生きる喜びを伝えるものでなければならない。

129

旅は学びの場だ

わたしは旅が好きだ。そんなわたしに「なぜ旅に出るのか」と尋ねる人がいる。わたしはこう答える。「自分がなにを求めているかわからない。ただ旅が好きなのだ」

わたしにとって、旅は学びの場であり、精神の鍛錬の場なのだ。

学校や道場のような特別な建物は、わたしには不要だ。精神は未知のものに触れることで絶えず鍛えられていく。

さまざまに異なる思想や生活、人間性の不断の変化……これほどの教育はないだろう。

130

自分自身が哲学のテーマだ

きみにとって哲学的なテーマとは、なんだろうか？　人間か？　国家か？　自由か？　それとも恋愛か？

わたしの場合、形而上学のテーマも、形而下学のテーマも、わたし自身でしかない。つまりわたしは、自分自身で、自分の哲学をするのだ。

哲学者たちはわたしたちを法則や原理に立ち返らせてくれる。これはまったく正しいことだ。しかし、そのような原理は、わたしたちが自分自身で哲学するための養分にしかならない。

131

哲学とは自分がどんなに無知かを知ることだ

一つの知識はきみになにをもたらすだろうか?

たしかに、知識が利益を運んでくることもあるだろう。まちがいなく、地位や財産にもつながるだろう。だが、そんな利益が足元にも及ばないもっともっと大きな「利」がある。

わたしにとって最高の「利」は、自分を知ることだ。無知でしかない自分を知ることだ。

わたしの知力なんて、完璧にはほど遠い。わたしの理解力だって、しばしば自分を裏切ることがある。哲学しながら、わたしはこんなことを学んでいる。

わたしがつまづいたこの石は、わたし自身だ。わたしの歩き方がいかに不安定で危ういかを教えてくれる出会いだ。

きみは自分の愚かな行動に気づいたか? それは立派なことだ。だが、ことはまだまだ序の口。どんどん哲学していこうじゃないか。きみの知力が深まり、理解力が高まるほど、自分が無知な存在であることを学べるはずだ。

132

哲学には実践が必要だ

理論と実践は二つながら不可欠なものだ。

しかし、どうも教育現場では理論ばかりに時間をかけているようだ。

実地の経験によらなければ、理論はわたしたちを行動に導いてはくれないだろう。

実践を怠れば、実際の行動において動きがとれなくなるだろう。

泳ぎ方を説明できる人のだれもが、泳ぎがうまい人だろうか？

きみは泳ぎ方を理解しただけで、泳げるようになるだろうか？

哲学者たちも、立派な「あり方」に到達しようとした人々は、自ら積極的に苛酷な試練に赴いた。一人隠れて待っているだけでは満足しなかったのだ。

彼らは「戦い」において、理論だけで経験がないところをつかれ、自分が役立たずになるのを恐れたのだ。

133

自分を無にする

わたしが一番大切にしていることは、わたしを「無とする」ことだ。

「ここに哲学の最大の効果がある」とわたしは考える。

哲学することで、わたしたちは、自分の判断力が「ないこと」を知ることができる。また力が「ないこと」を知り、そして「無知」でしかないことを知ることができる。

最も誤った考えとは、自分の持っていないものを持っていると見て、自分の持っているものをあまりに優れたものと見ることだろう。

まあ、そんな年齢もあるかもしれないが。

だからいっそう、わたしは哲学することをすすめる。わたしたちがもともと持っている誠実さや感謝を磨き、保っていこうじゃないか。

哲学のはたらきの中で、これこそ最も優れたはたらきなのだから。

134

哲学は上空から見下ろすことではない

「哲学することで、全体を見下ろすことができるようになる」って？

こんな嘘をつく者もいるが、とんでもないことだ。

天空の星にまたがったまま、わたしたち人間をテーマに研究をする学者もいるようだが、実に不快なことだ。

わたしたち人間や、わたしたち自身をテーマにすると、そこに数々の入り組んだ迷宮のような問題があることがわかるだろう。確実な英知が支配する体系にも、数多くの不確実な問題があることに気づかされるだろう。

宙に浮いていては、人間に触れられるはずがない、当たり前のことだ。

わたしたち人間は地上にいるのだ。わたしたちの目の前に絶えずあり、わたしたち自身の中にあるわたしたち自身の本来のあり方、これこそ大事なのだ。

きみも哲学しようじゃないか。そして、人間を動かす内部のバネを描き出し、解き明かす術を持てるようにしようじゃないか。

物事をあまりにも上空から見てやろうとする心は、災いになってしまう。

135

高みを目指すな

きみは哲学を通して、品格や地位が上がっていくと考えているだろうか？危うい、危うい。高みを目指すことは、しばしば落とし穴になってしまう。階段の一番低いところに確実なものがあるということを哲学は教えてくれるのだ。

そこは一貫性が宿るところだ。尖った塔のてっぺんに腰を落ち着けることなど、どだい無理な注文だろう？

そうなのだ。最も高貴な人々とは、最も低い階層にいる人々のことなのだ。高貴な人々は、単純さという規律を正しく守り、正しく交際している。わたしは、百姓たちの行いや言葉のほうが、哲学者たちの行いや言葉よりも、本当の意味の哲学に合致していると考える。

一貫性に基礎を据えよう。それは自分のすべてを乗せる自分がいるところなのだ。

136

人間は事物の真の価値がわからない

きみにとって価値あるものは、なんだろう？

わたしに言わせれば、人間がつける価値は、はなはだいかがわしいものばかりだ。

わたしたちはどうやら、それ自体が持つ価値ではなく、それらに対してわたしたちがつける価値に振り回されているようだ。そのものの有用性や品質ではなく、そのものを獲得するための苦労の度合いに応じて価値をつけているようだ。

つまり、事物がわたしたちにもたらすものではなく、わたしたちが事物にもたらすものを価値あるものと呼んでいるのだ。これはまた、なんとも奇妙なことだ。

価値あるものを買うのではなく、買い値が価値を決めているのだから。

137

知識を貯め込むのではなく栄養にせよ

知識によって学者になることはできても、賢明な人物にはなれない。知識はしょせん、借り物でしかないからだ。

「それじゃ勉強なんかしなくてもいいの？」と、もしかしたら、きみは声を弾ませるかもしれないが、そうは問屋がおろさない。

偉大な人物のだれもが、懸命に勉強している。ただ、知識が詰まった学者との違いがある。それは、知識を栄養にして、自分自身の力を育んでいるところだ。

きみは、消化できないものを食べるだろうか？　消化されず血や肉に変わらない食べ物など、いったいなんの役に立つのだろうか？

答えは明白だろう。

138

学ぶのは精神のはたらきを高めるためだ

草花は水をやり過ぎると枯れる。ランプは油があり過ぎると消える。同じように、精神は過剰な知識によってはたらきを止めてしまうものだ。

だから、多くの人は学者たちをあざ笑う。

「彼らのやっていることは、だれの模範にもならない、実用から離れたことばかり。責任を全うする力などないくせに、高尚な言葉でわれわれの生活をもてあそんでうぬぼれている」

たしかに、そんな学者たちもいるだろう。わたしも知っている。だがそれは、学び方が悪いからであって、知識が悪いからではない。

学識だけでなく、行動においても立派な学者はいる。

精神のはたらきは、学ぶことによって、それだけいっそう広大なものになっていく。優れた将軍や政治家たちは、行動力も一流だが、常に学びも怠らなかった。有能な人物はたゆまず学び続ける。学びながら判断力と品格を育んでいる。

139

真の教師は生徒に考えさせる

教師としてふさわしいのは、知識で詰まった頭の持ち主ではなく、知識をよく整えた頭の持ち主だ。

優れた教師はきみに伝えるだろう。

「暗記して覚えているということは、知っているということではない。正しく知るということは、知識を自由自在に使いこなしているということだ」

そんな教師は自分で語らず、生徒の言うことを聴く。生徒に物事をじっくり味わわせ、生徒自身で判断と選択を試みさせることができる。

彼らは知識や記憶ではなく、自分の人生を根拠にして教えられる。

プラトンは、強固、信念、誠実さが本当の学びであって、それ以外のことを目的とすることはうわべだけの飾りになると言っている。

社会的な利益のためにするのではない。学びは、自分自身のためにするのだ。自分自身を豊かにするためだ。自分で判断し選択できるようにならなくてはいけない。

140

哲学は人を生き生きとさせる

もしきみが、哲学することによってしかめっつらになっているとしたら、きみは本来の哲学を見誤っている。

もしきみが、哲学することによって青白く息苦しそうな顔になっているとしたら、哲学と間違った付き合いをしている。

哲学とは、本来、はつらつとしたものなのだ。悦びに満ちたものなのだ。哲学はわたしたちを、生き生きとした心持ちにしてくれる。晴れ晴れとした心持ちにしてくれる。

哲学を宿す精神は、その健全さによって肉体も健康なものにする。

哲学を宿す精神は、安らぎと心地よさによって輝きを放っている。

141

学ぶべきことは知識ではない

きみは書物を背負ったロバになっていないか？

自然は、学びの欲求をきみにも、わたしにも、対等に与えている。でも、もしきみが書物を背負ったロバになってしまっていたら、学びの欲求はどんどん減退していっているはずだ。

ポケットを学問でいっぱいにしてはならない。

知っているか知らないかは問題にならない。

学ぶべきことは、知識ではない。

「知っているとはどういうことか？」

「勇敢さとは、節度とは、正義とはどういうことなのか？」

「どの程度まで、死や苦しみを恐れるべきなのか？」

きみは学ぶことで、このようなことを見通せるようにならなければならない。

142

複雑な哲学など役に立たない

複雑で厄介な哲学は捨ててしまおう。単純なものを選ぼうじゃないか。哲学は覚えるものではない。哲学を正しく扱えるようにならねばならない。扱う人を選ぶような哲学は、わたしたちを病気にしてしまうだろう。徹夜で節制について勉強する者は、節制していると言えるだろうか?

アリストテレスも、弟子を育てるのに、テクニックを弄する論理を用いることはなかった。勇敢や寛大さや節制についての教えを自ら実践することで、時間をかけながら弟子を導いた。

哲学は、シンプルであるに越したことはない。

143

自然に学べ

きみは「腰巻きだけ身につけ裸同然で暮らし、槍などで狩猟をする人たち」をどう思うだろうか？「彼らは野蛮人なんだ」と言うだろうか？

もしきみがそんなことを口にするなら、一つ助言しておこう。

そんなきみの思考こそ、野蛮なのだ。

わたしたちには、自分の習慣にないものを野蛮と呼ぶクセがあるようだ。そんなわたしたちの習慣は、自然のものを人工的に作り変えてしまったものだ。

人工的に作り変えられた果物のように、それは腐敗しやすく、力が弱い。

自然の果実は、純粋で、生き生きと力強い。それは野蛮ではなく、野生といえるだろう。それはまた、美しく偉大なものだ。

さて、きみがたくましく生きていこうと思うのなら、人工にではなく自然にならうといいだろう。

知識は毒か薬か見極めなければならない

知識にはよくよく気をつけなければならない。

食べ物だったら、買ったものを袋に入れてとっておくことができる。いっぽう、知識というものは、買った瞬間に飲み込んでしまうものだ。

食べ物は、食べる前にその効能や価値を調べ、食べるタイミングも自分で決めることができる。いっぽう、知識はわたしたちの魂に即座に入ってしまう。だから、知識を買ったときにはすでに、病気になるか、さらに健康になるか決定してしまっているのだ。

知識には、きみの栄養にならないものもある。さらには、病気を治すという名目で、きみの毒になってしまうものもある。

知識を買う前に、しっかりした眼で見極めよう。

知識もまた、財産や地位と同じようにむなしいものだ。だが、高価な物を買うよりもさらに高くついてしまうことがあるのだ。

145

謙虚であることが哲学の基礎だ

わたしたちは無知でしかない。

だからといって、わたしたちに反論が許されていないわけではない。反論ができないことは信じなければいけないというものでも、まったくない。

無知であるとは、こういうことだ。

きみが最も確実だと思える知識によって判断するときでも、「わたしにはそう思われる」というふうにまとめてみよう。

どれだけ本当らしく見えることでも、絶対に間違いないと思い込まないことだ。ほかにも、「おそらく」とか「ある程度は」とは「いくらか」とか、決めつけることのない答え方が最もわたしたち人間に合っていると思う。

六十歳でも学生のような姿勢でいられるのは、とても好ましく思える。驚きと謙虚さは哲学する精神の基礎になる。探求することが哲学の道筋だ。そして、無知は哲学の到達点なのだ！

きみだって、この境地にきっと至れるはずだ。

Ⅶ

無常について

146

この世のものはすべてはかない

きみは、「楽しいことは長続きしない」と嘆いたことがあるだろうか？　あるいは、「この楽しさが永遠であってほしい」と祈ったことがあるだろうか？

そんなきみは、人生のはかなさというものに気づいているのだ。

しかし、はかなくないものがこの世にあるだろうか？　花の盛りがはかないように、立派な業績もはかないものだ。教訓や知識にも賞味期限がある。

「人生のはかなさ」を言いかえれば、「人生とは不断の運動である」ということだ。わたしたちの行為は常に不完全で不規則だが、わたしたちは常に動き、変化し、成長し続ける。

これでいい。わたしは、はかなさだけを信じている。

わたしはわたしにふさわしく、きみはきみにふさわしく、はかなさに仕えようじゃないか。

147

どうしようもないことを
どうにかしようとしないこと

暴風雨は突然、わたしたちを襲ってくる。

だが、それは自然のものなのだ。逃げてもしかたがない時もある。

そんな中、きみはどのように立っているだろうか？

強風に揺さぶられる木々は自分の重さで立ち続けるしかない。倒れる木もあれば倒れない木もある。

わたしたちの精神も同じだ。

どうしようもないことをどうにかしようとしないことだ。

揺さぶられてもあたふたせず、自分自身の重さでしっかり立っていればいいのだ。

148

なんでも長く続けばいいというものではない

なにごとも長く続いたほうがいい、なんてことは決してない。娯楽だってそうだ。食事だってそうだ。人生もまた、長ければいいというものではない。

なにごとにも潮時というものがある。引き際というものがある。

きみはそれが不満だろうか？

わたしははかなさを遠ざけたりせず、常に自分の身近に置いて、はかなさと安心して付き合うようにしている。

いまや、わたしははかなさに不安や恐れを抱くことなく、はかなさから慰めをもらうようになっている。

149

自然に任せていればいい

病気は苦しいだけのものではない。物事の成り立ちの模範にもなる。

きみは病気になったらどうするだろうか?

病はわたしたちと同じように、寿命をもって生まれている。だから、力づくで病の寿命を縮めようとすると、病を鎮静化させるどころかかえって刺激してしまうことになる。

わたしは医学よりも自然のはたらきを信じる。そんなわたしは、ただ待つ。とにかくしつこいといわれる病気にかかったとしても、それがおのずと衰えていくのを穏やかに待つことにしている。

自然は、わたしたちが理解している以上に「仕事の仕方」を心得ているのだ。わたしたちは、自然の仕事の仕方を静かに受け入れていればいい。

もちろん、この仕事の仕方はわたしたち自身にも当てはまる。わたしたちも成長し、熱を帯びて活動するが、いずれは年老いて、衰弱し、そして死んでいく。

150

はかないということは悪いことではない

きみにとって、人間のあり方とはどのようなものだろうか？

ある哲学者は、人間のあり方を空虚で滑稽なものと考えていた。

別の哲学者は、人間のあり方を愚かなものとあざ笑っていた。

また別の哲学者は、人間のあり方に憐れみを感じ、絶えず涙を流していた。

きみもまた、きみ自身の人間観を持っているだろう。それでいいのだ。

ただ、わたしにとって人間のあり方もまた、はかないものなのだ。

つまり人間とは、まったく虚ろであるほどに不幸ではないし、まったく愚かであるほどに悪くはないし、憐れみしかないほどに惨めではないのだ。

無常であるということは、ユーモラスでもあり愉快でもあることなのだ。

151

人間のありようは無常だ

「汝自身を知れ」。きみも知っているだろう。この教訓によって、ソクラテスは世界で唯一の賢者となった。

彼は人間のありようがどのようなものか、見切っていたのだ。

人間のありようは無常だ。

わたしにどのような長所があろうと、その隣には短所がある。その長所が短所に化けてしまうシーンもある。

要領がいい者は、ずる賢くもある。足の速さも使い道で、よくもなれば悪くもなる。

常に同じ値打ちをつけられるものなど、ありはしないのだ。

人間のありようを観察し、そのむなしさを心に刻んでいる者は、常に謙虚でいられる。

152

心は自然に任せるのがいい

「遺産相続人の涙は、仮面の下の笑いである」

ある物語で見つけたセリフだ。たしかにそうかもしれない。わたしたちの行為の大半は、仮面と虚飾で覆われているのだろう。

わたし自身がそうだし、きみもきっとそうだろう。

しかし、わたしたちの心がさまざまな異なった感情に動かされていることを忘れてはならない。

わたしたちの心にある一つの感情が、絶対的に優勢であることなどない。

泣くことを求められても、泣けないときもある。それでいい。泣きたいときには泣けるはずだ。

心は変幻自在だ。心に無理をさせてはいけない。

153

名声には何の実体もない

この世は迷妄で溢れている。中でも最も厄介な迷妄が、名声への執着だ。この迷妄は、どんな賢者でも最後まで抜け出せないほど、しつこいものなのだ。

名声は、わたしたちを心地よさげな声で魅了する。だが、名声は影に過ぎない。幸福とは現実だ。実のあるものだから、幸福なのだ。

なぜ、無事であることや、命や健康のような実のある幸福を捨ててしまうのだろうか？

きみはどうだ？

なんの実体もない、空虚な影を追い求めたいと思うだろうか？

154

罪の重さを間違えてはいけない

畑から作物を盗むことと、神殿の祭神を盗むことは同じ罪だろうか？

男を殴ることと、女を殴ることとは、同じ罪だろうか？

殴ることと刺すこととは、同じ罪だろうか？

世の中に同じものは何一つない。一見、同じようなことにも、やはり違いはある。罪とひとくくりにされていても、罪の序列を混同してしまうのは危険なことだ。

ソクラテスは「智慧の務めは善悪を区別することだ」と言った。わたしたちはソクラテスにならって、こう言ってみたらどうだろう。

「智慧の務めは不心得の程度を区別することだ」

155

どんな人間も死という運命からは逃れられない

どんな賢人といえども、どんな偉人といえども、しょせんは人間に過ぎない。これほどの無常があるだろうか？

どのような智慧をもってしても、わたしたち人間に定められたことを曲げることはできない。

きみは、殴られそうになったら思わず目を閉じてしまうだろう？賢人だってそうだ。

彼らも、緊張すれば、汗をかいたり、舌がもつれたり、声がかすれたりする。絶壁の縁に立たされたら、だれだって震えずにはいられないだろう。

自然は、こんなところに、偉大な力のわずかなしるしを残しておいてくれたようだ。

わたしたちの死すべき運命と無常は、どんな智慧をもってしてもどうしようもないことを、自然は、奥ゆかしく示してくれている。

156

自分の智慧や意志を過信してはいけない

幸運はきみにとって大きな力となる。だが、きみは知っているだろうか?

不運もまた、きみにとって最高の力となるのだ。

そして、人間の智慧が運命の役割を果たすことができると考えてしまうのは、わたしたちが無知だからだ。

わたしたちの智慧も意志も、たいてい偶然によって導かれている。わたしたち人間が最も頼りにする理性もまた、一日一日、その場その場で揺らいでしまう。

身分も職業も、才能よりは運命によって与えられるほうが多い。

自分の才能を過信しないほうがいい。

結果に愚かしい権威をつけないほうがいい。

そんな過信や権威などなくても、きみの運命がきみに最高の力を与え続けているではないか。

157

他人への批判はすべて自分に当てはまる

もし、きみがだれかを批判しているなら、気をつけたほうがいい。

人間同士で加え合う非難の言葉も、責め合う理由も根拠も、すべては自分のほうへ跳ね返ってくるのだから。

「お前の考え方は間違っている」ときみが怒るとき、きみの考えも間違っているのだ。だれかの不善をとがめるとき、きみ自身も不善をしているのだ。他人の中に欠点を見つけるというのは、わたしたち自身の中にその欠点があるから見つけられるのだ。

158

怒りに油を注いでいるのは自分自身だ

復讐、怨念、不満。きみに苦しみをもたらす情念を、きみは正当なものだと考えるだろうか？

きっと、どこかに、きみの情念の炎の火元があったのだろう。原因があったからこそ、きみは怒ったり恨んだりしているのだろう。

だが、火に油を注いでいるのは、きみ自身であることは伝えておこう。

きみが認めるその原因は、きみ自身によって作り出されたものであって、すでにもともとの事実とは異なっている。

もう少し、後ろに下がってみようじゃないか。そして、余計な枝葉を取り払ってしまおうじゃないか。まだ足りないなら、もっと下がってみようじゃないか。

そして、油を注ぐのをやめてしまおう。

159

この本ほど奇妙な本はないだろう

わたしには、ものを書くための材料がまったくなかった。だから、わたし自身を主題としてみたのだ。

『エセー』は、これまでのどの書とも異なる奇妙なものだろう。これまでに類を見ないという点以外は、もしかしたらなんの価値もないかもしれない。

「自分」という主題ほどむなしいものはない。この主題を扱っては、どんな凄腕の職人でも平凡な細工しかほどこせないだろう。より高価なものにすることなどできない。

まあ、自分を主題にするという企ては、一般の習慣から思い切り離れているので、かえってだれにでも通用するものになるだろうけれど。

160

どんな決断がよい結果を招くかわからない

足元にひれ伏し、泣いて慈悲を請うことで命が許されることもある。だが、このような哀願と同じくらい、唯一無二の豪胆さによって、相手の敬意を引っ張り出し、命が許されることもある。

足元に身を投じる相手が卑屈に見えるときもあれば、それによって憐憫の情が動かされるときもある。

さて、きみも知っているように、わたしたち人間は、驚くほど空虚で、多様で、変わり続けるものだ。

いま、きみはどんな決断を迫られているのだろうか？

きみの決断はきみ自身がしなければならない。そして、結果は天に任せてあきらめてしまおうじゃないか。

161

肩書などに目をくらまされるな

きみの周りを見回してみたまえ。なにをやっているかわからないが、名称だけはとんでもなくご大層な仕事があるものだ。

きみも体験済みだろう。こんなものは人々の目をくらますものでしかない。だれもが納得できるような輝かしい業績を成し遂げた者に贈られる称号がある。たしかに彼らは、偉大な業績を、自ら成し遂げた。称号が先にあったのではなく、人々がそれを求めただけだ。

だが、そんな称号を求め、そんな称号を利用したがる者がいる。そんな者ほど、権威を笠に着たがる、尊大で哀れな人物なのだ。

162

永遠もゆっくりとした変動だ

きみはエベレストを見て、どこまでも変わらない山と思うかもしれない。

エジプトのピラミッドだって、作った当初は、いつまでも同じ姿であり続けると信じられていただろう。

だが、世界に永遠があるとするなら、「永遠とは変動である」ということになるだろう。

大地だって、不変に見えるかもしれないが、変わり続けているのだ。

永遠不変という状態だって、わたしたち人間の短い視野からそう見えるだけで、ゆっくりとした変動にほかならない。

163

心の容器を清らかにしておく

どうやら、どのような場にいても落ち着けない者がいるようだ。決して満足せず、自分に必要なものが欠けていると不満を言う。人間とは、これほどまでに、弱く不完全なのだ。

さて、わたしが心がけていることが一つある。わたしの心は、一つの容器だ。

そこには、さまざまなものが入ってくる。そのもの自体が、病気であったり腐っていたりするのではない。心の容器が汚れていると、外から入ってくるものが腐ってしまうのだ。

入ってくるものを排除しようとしてはだめだ。わたしたちの心の容器を、常に、丸く清らかにしておくことが、大事なのだ。

Ⅷ

死について

164

苦しみと喜びは表裏一体だ

「苦しみと喜びはまったく違う」ときみは言うかもしれない。たしかにそうだ。苦しいときからはできるだけ早く抜け出したいし、楽しい時間は、もっともっと長く続いてほしいと願うものだ。

だが、不可思議な自然は苦しみと喜びを結び合わせていることを、きみは知っているか？　画家の描く泣き顔を見てみよう。ほら、泣き顔は笑顔にも見えるじゃないか。

苦しみと喜びは表裏一体なのだ。

しかし、苦しみを喜びに変えたいばかりにその結び目を見分けようとしてはいけない。そんなことをすると、苦しみと喜びは永遠に断絶してしまう。そして、きみの人生が苦しみばかりになってしまう。

苦しみと喜びは、わたしたちの手でどうにかなるものじゃないんだ。

喜びも苦しみも、ただ、受け入れよう。苦しみだっていつか必ず、おのずと喜びに変わっていく。

165

死に方など気にするな

死に方を苦にしてもしかたない。さまざまな死に方があるのだ。

人それぞれの生き方に従って、その意味も変わってくるだろう。同じ死に方でも、わたしときみの死は違うものなのだ。

衰弱していく死がある。断崖から落ちて死ぬことも、押し潰されて死ぬこともある。

銃で撃たれて死ぬこともあれば、剣で刺されて死ぬこともある。

大事なことは、死ぬということで、死に方ではない。

死んでからのことを苦にする人もいる。

自分が死んでからのことなど「苦」になるはずはない。死んでからのことはあきらめてしまうのがよい。

大事なことは、死んでからのことではなく、今、生きているということだ。

わたしは、わたしの死が、わたしの生を裏切らないようにしてやりたい。だからわたしは今を精一杯、生きる。

166

死ぬときは一人だ

一人で死ぬことは寂しいことだろうか？

用を足すのだって、わたしたちは物陰に隠れるじゃないか。眠るときだって、ベッドにだれと一緒に寝ていようと、一人で眠るじゃないか。死ぬことも同じだ。死は不自然なことではない。一人で死ぬこともまったく自然のことだ。

死ぬ場所は自分で決められるものだろうか？

わたしにとって、どこで死ぬかは大した問題ではない。だがもし選べるのなら、家族から離れた家の外、ベッドではなく馬の上で死にたい。たくさんの人たちに囲まれながら死ぬのは、窒息して死ぬように感じる。

わたしは穏やかに流されるように死んでいきたい。

167

病気も自然なことだ

きみは、絵についた汚れを落とそうとして絵を消してしまう人を、どう思うだろうか？　なんとも間抜けなことだとあきれることだろう。

だが、わたしは知っている。病気を治そうとして病人が殺されてしまうことがある。

さて、きみは病気になったらどうするだろうか？

一つ覚えておいてほしい。

病気は自然なことなのだ。

変化することも自然なことだ。腐敗することも自然なことだ。庭の木々とわたしたちにどんな違いがあるというのか。

病気を取り除こうとして薬などが自然の限度を超えることはむしろ害になる、と肝に銘じておこう。

168

死ぬ準備ができた分だけ、生きることを楽しめる

どうも、人々は死から逃げることにばかり執心しているようだが、きみはどうだ？

死ぬのは苦しみか？

わたしはすでに、心置きなく死ぬ準備をしている。

準備ができてきたのは、人間の本来のあり方を知ったからだ。つまり、わたしたちは死ぬべきものとして死ぬのであり、苦しみとして死ぬのではない。

生きることを楽しむ者にとっては、死ぬことは決して不愉快なことではない。死があるからこそ、わたしたちは丁寧に日々を送ろうとし、生が充実していく。

生きるだけ生きよう、そして死ぬべきものとして死んでいこうじゃないか。こんなふうに死の準備ができた者には、最高の贈り物がある。死ぬ準備ができた分だけ、生きることを楽しめるのだ。

169

死と対面しながら平然と生きる

苦しむことを恐れる人は、恐れているということですでに苦しんでいる。死を恐れる人は、恐れるということで死が苦しくなっているのだ。怪我をして痛いのは当たり前だ。痛みを恐れていてもしかたがないではないか。痛いのはただ痛い、それだけのことだ。

苦しみもまた、ただ苦しい、それだけのことだ。

いつまでも元気で生き生きしていたいというきみの気持ちは、よくわかる。そんなきみにこそこの言葉を贈ろう。

生きることは運動以外のなにものでもない。死ぬこともまた運動であり、自然の恵みなのだ。

生き生きとしていることは、死を乗り越えることではない。死と対面しながら平然と生きることなのだ。

170

死は大事な任務だ

死ぬこともまた、わたしたちに与えられた任務なのだ。わたしたちにとって、最も大事な任務だ。

世の中にはさまざまな任務がある。それらの任務遂行のために、わたしたちは何度も予行演習をして、本番に備える。

でも、死ぬという任務を果たすための予行演習なんて、できるはずがない。なぜなら、死ぬことは一度しかできないからだ。

そうなのだ。死においては、だれもがみんな初心者なのだ。

だが、死に対してわたしたちは無力なのかというとそうではない。

こう考えてみたらどうだろう。

わたしたちにとって、死は有用なものだ。

だから、死を認めてしまおうじゃないか。すると、死と一体化することはできなくても、死への道筋を行き来することはできるようになるだろう。

171

死と真正面に向き合おう

死は等しくわたしたちをとらえている。

たとえきみが臆病者だろうが卑怯者だろうが、国王だろうが平民だろうが、そんなことに構いはしない。

もし、死が避けられるものならば、わたしはきみに臆病なほど慎重であることを勧めるだろう。だが、そんなことはあり得ない。

どれほど鍛え上げられた頑丈な鎧であっても、それがきみを死から守ることはできない。

ならば、わたしたちはしっかり足を踏ん張って、死というものを支えてやろうじゃないか。死と真正面に向き合ってやろうじゃないか。

172

死を飼い馴らそう

死について言えるたしかなことがある。

それは、死がどこでわたしたちを待ち受けているかわからないということだ。いつか起こるかもしれないことは、まさに今起こりうることなのだ。

いつどこできみが死ぬか、だれも知らない。

だったら、こちらのほうから死を待ち構えてやろうじゃないか。死を見定めてやろうじゃないか。

多くの人は、いたずらに死を恐れている。それは、死をいじくり回すことだ。死とひたむきに向き合い、死を飼い馴らしてしまおう。

死を見定めた人は自由だ。その人は、屈従することから解き放たれている。あらゆる束縛から解き放たれた自由人とは、そんな人だ。

死を見定めるとは、きみ一個の命が尽きたとしても、それは決して不幸なことではないことを理解することだ。そんなきみの人生からは、一切の不幸が消えてしまうはずだ。

173

死の準備を万端整える

わたしが自負していることがある。

これまでに、わたし以上に純粋にこの世を去る準備をした者はいなかったはずだ。

いつでもあちらへ出かける用意は万端だ。あらゆる面で、この世への未練を断ち切ってしまった。そんなわたしにとって、達成間近の企てが中断されようとも、どうってことはない。

別れのあいさつも、ほとんど全員と終えている。

ただ、わたしはわたし自身との別れだけはできない。だからわたしは、死に臨んで自分のこと以外にすることがないようにしようと、腹を据えている。

174

死ぬことで不幸になった者は一人もいない

生きることは幸福だ。同じように、死ぬこともまた一つの幸福なのだ。

もし、自然がわたしたちに「死」を持たせなかったら、どうなってしまうだろう?

きっと、自然を呪ったことだろう。「なぜ、死なせてくれないのか」と。

さて、これまでもこれからも、死ぬことで不幸になった者は一人もいない。いるとすれば、後に残された者たちだろう。でも、わたしに関しては、わたしが死ぬことで不幸になる人は、死後にもだれもいないだろう。

どのような一生だろうと、その値打ちに大小の差はない。きみの一生も、わたしの一生も、同じように「生きて死んだ」だけ。わたしたちは、生きることから逃げることも、死ぬことを避けることもできないからだ。

古代ギリシアのある哲学者は、「なぜ死なないのか」と尋ねられたとき、こう答えたそうだ。

「生きようが死のうが、どちらでもよいことだからだ」

1985年の夏休み前、名古屋の旭丘高校からほど近い正文館書店に、ぼくはいた。

そこで我が師、モンテーニュと初めて出会ったのだ。

フランス思想の本棚の前をなんの気なしにさまよっていたとき、ぼくを呼ぶ声が聞こえた（気がした）。それが『エセー』（荒木昭太郎先生の翻訳、中央公論社の「世界の名著」シリーズ『モンテーニュ』）だった。

「彼ら（新大陸の住民）は野生なのだ。本当に、われわれが人工によって変化させ、一般の秩序からそらせてしまったものをこそ野蛮と呼んで当然なのではないか」。

《Ils sont sauvages de mesmes,（…）: là où à la verité ce sont ceux que nous avons alterez par nostre artifice, et destournez de l'ordre commun, que nous devrions appeler plustost sauvages.》

章題は《人食い人種について Des Cannibales, I, XXX》。どうにも釘付けにするタイトルじゃないか。そして、この一節がぼくを虜にした。ぼくもまた、「野蛮」だった。

以来、ぼくはモンテーニュに私淑している。

二度目の大学生になるべく学習院へ入ったとき、問答無用で選んだ専門はフランス思想だった。無論、再度入学した東大でもフランス思想を専攻していた。ずっと、モンテーニュの声を聞きながら……。

初めての邂逅から33年後。旭丘高校の先輩である干場弓子さんが社長を務めるディスカヴァー・トゥエンティワンの藤田浩芳さんからメールが入った。

「モンテーニュの『エセー』から、人生訓を抜き出して超訳にしたらよいのではと考えております。よさそうでしたら、お願いすることは可能でしょうか？」

答えに否やはなかった。

「できます！」

それから藤田さんとの二人三脚は始まった。大学での研究期間もあったぼくが乗り越えなければならなかったのは、「原典に忠実」というところだ。「超訳」とは意訳ではない。ましてや、直訳ではない。大事なのは……？

何度もやりとりした。

「現代人の胸にぐっと入ってくるような感じの文章に大竹さんが書き換えてしまってはいかがでしょうか？」

と助言をもらった。こんな激励もあった。

「研究者たちから一斉に非難されるくらいが丁度よいのでは？」

取るに足らないぼくの自負は、この大役に平伏した。

ぼくが大事にすべきは、「原典」よりも「現代人」だ。まず読む人が読まずして、「原典」もクソもあったもんじゃない。「超訳」から「原典」へと向かわせればいいんだ。そして、超訳の姿勢の決め手になったのが、これだ。

「モンテーニュが大竹さんに憑依し、大竹さんは自分の言葉で教え子に向かって語っている」

そうか。モンテーニュも言っていたじゃないか。

「私は無駄話をばらまいてしまったのだが、ほんの少しだけ丁寧に皮をむける人ならば、無限の『エセー』を作り出せるだろう」《キケロについての考察》

《Et combien y ay-je espandu d'histoires, qui ne disent mot, lesquelles qui voudra esplucher un peu plus curieusement, en produira infinis Essais ?》 Consideration sur

Ciceron, I, XXXIX

藤田さんに励まされながら、ぼくは師匠と向き合い続けた。もしかしたら、超訳だったからこそ、ここまで丁寧に、気合い１２０パーセントで師匠と対話できたのかもしれない。

我が師モンテーニュにどれほど迫れたか……。まあ、あの世で師匠に会えたら聞いてみますか。「我が意を得たり」と頭を撫でてくれたら、感涙だ。「この不埒者が！」と頬を引っ叩かれたら……、どちらに転んでも泣いてしまうのか。私淑するとは、こういうことかもしれない。

さて、しばしば、「『エセー』のどこから読めばいいの？」と助言を求められることがある。たしかに、一つの章がいくつものテーマを含んでいるので、ガイドが必要かもしれない。でも、ガイドがなくても歩くことはできる。モンテーニュの漫ろ歩きに合わせることなく、こちらの歩調でぶらぶらと一つの章を散歩すればいい。

そんな散歩ができそうな章をいくつか挙げておこう。

「子供たちの教育について」「無常について」「片足の不自由な人々について」「顔つきについて」

特に「無常について De la vanité, III, IX」は、これだけでも一つの書として独立させたいくらい、味わい深い。章題は、訳者によって「いっさいは空であること・空虚・むなしさ・空しさ［について］」等と変わる。訳語が変化するのは、内容の豊かさの証でもあるだろう。

荒木昭太郎先生の『モンテーニュ』で初めて『エセー』に出会って後、この書を枕頭に置きながら、さらに多くの先生の『エセー』やモンテーニュ論を読み続けた。『超訳モンテーニュ』を書き上げられたのは、先生方のお陰である。その誰もがぼくなど足元にも及ばない方々なので、この本をきっかけに『エセー』に触れられた方は、本来の『エセー』を読んでほしい。モンテーニュを紹介した書もあるので、ぼくなりの尊敬の念を表し紹介しておく。他にも多くの良書があるはずだが、不肖故に目が届かないところは、ご容赦願いたい。

訳本
『エセー』原二郎訳　岩波書店
『エセー』宮下志朗訳　白水社
『随想録』関根秀雄訳　新潮社・白水社
『エセー』荒木昭太郎訳　中央公論新社

モンテーニュについて
『モンテーニュ　よく生き、よく死ぬために』保苅瑞穂著　講談社
『モンテーニュ』大久保康明著　清水書院

小説
『ミシェル　城館の人』堀田善衛著　集英社

引用・翻訳の底本
Les Essais, Bibliothèque de la Pléiade, Gallimard, 2007

超訳　モンテーニュ　中庸の教え

発行日　2019年　1月30日　第1刷

Author　ミシェル・ド・モンテーニュ
Translator　大竹稽

Book Designer　松田行正　倉橋弘

Publication　株式会社ディスカヴァー・トゥエンティワン
〒102-0093　東京都千代田区平河町2-16-1 平河町森タワー 11F
TEL　03-3237-8321（代表）03-3237-8345（営業）
FAX　03-3237-8323　http://www.d21.co.jp

Publisher　干場弓子
Editor　藤田浩芳

Marketing Group
Staff　小田孝文　井筒浩　千葉潤子　飯田智樹　佐藤昌幸　谷口奈緒美　古矢薫
蛯原昇　安永智洋　鍋田匠伴　榊原僚　佐竹祐哉　廣内悠理　梅本翔太
田中姫菜　橋本莉奈　川島理　庄司知世　谷中卓　小木曽礼丈　越野志絵良
佐々木玲奈　高橋雛乃

Productive Group
Staff　千葉正幸　原典宏　林秀樹　三谷祐一　大山聡子　大竹朝子　堀部直人
林拓馬　塔下太朗　松石悠　木下智尋　渡辺基志

Digital Group
Staff　清水達也　松原史与志　中澤泰宏　西川なつか　伊東佑真　牧野類　倉田華
伊藤光太郎　高良彰子　佐藤淳基

Global & Public Relations Group
Staff　郭迪　田中亜紀　杉田彰子　奥田千晶　連苑如　施華琴

Operations & Accounting Group
Staff　山中麻吏　小関勝則　小田木もも　池田望　福永友紀

Assistant Staff　俵敬子　町田加奈子　丸山香織　井澤徳子　藤井多穂子　藤井かおり
葛目美枝子　伊藤香　鈴木洋子　石橋佐知子　伊藤由美　畑野衣見
井上竜之介　斎藤悠人　宮崎陽子　並木楓　三角真穂

Proofreader　文字工房燦光
Printing　共同印刷株式会社

・定価はカバーに表示してあります。本書の無断転載・複写は、著作権法上での例外を除き禁じられています。インターネット、モバイル等の電子メディアにおける無断転載ならびに第三者によるスキャンやデジタル化もこれに準じます。
・乱丁・落丁本はお取り替えいたしますので、小社「不良品交換係」まで着払いにてお送りください。

本書へのご意見ご感想は下記からご送信いただけます。
http://www.d21.co.jp/contact/personal

ISBN978-4-7993-2419-6　© Kei Ohtake, 2019, Printed in Japan.

累計170万部突破のベストセラー

超訳
ニーチェの言葉
白取春彦編訳／本体1700円（税別）

鋭い洞察力、胸に響く警句、
そして高みを目指す意志の力。
あなたの知らなかったニーチェがここにある。
今に響く、孤高の哲人の教え。

お近くの書店にない場合は小社サイト（http://www.d21.co.jp）やオンライン書店（アマゾン、楽天ブックス、ブックサービス、honto、セブンネットショッピングほか）にてお求めください。挟み込みの愛読者カードやお電話でもご注文いただけます。03-3237-8321（代）

超訳
ブッダの言葉
小池龍之介編訳／本体1700円（税別）

気鋭の青年僧が原典から訳した話題の一冊。
ときに心を鎮め、ときに勇気を吹き込む。

超訳
論語
安冨 歩編訳／本体1700円（税別）

今、この時代に読み直したい「論語」。
イメージを一新する衝撃的な異色の超訳。

超訳
鷗外の知恵
出口 汪編訳／本体1700円（税別）

明治の文豪による知られざる箴言集を、
現代文のカリスマ講師がよみがえらせる。

お近くの書店にない場合は小社サイト（http://www.d21.co.jp）やオンライン書店（アマゾン、楽天ブックス、ブックサービス、honto、セブンネットショッピングほか）にてお求めください。
挟み込みの愛読者カードやお電話でもご注文いただけます。03-3237-8321（代）

超訳
努力論
幸田露伴・三輪裕範／本体1700円（税別）

人生に悩む人を勇気づけるため、大文豪が
執筆した激励の書を超訳でおくります。

超訳
新渡戸稲造の言葉
三輪裕範／本体1700円（税別）

『武士道』だけではなかった。隠れた
名著の数々から珠玉の言葉を収録。

超訳
イエスの言葉
白取春彦／本体1700円（税別）

聖書を読むだけではわからないイエスの
言葉を、現代によみがえらせる!

お近くの書店にない場合は小社サイト（http://www.d21.co.jp）やオンライン書店（アマゾン、楽天ブックス、ブックサービス、honto、セブンネットショッピングほか）にてお求めください。挟み込みの愛読者カードやお電話でもご注文いただけます。03-3237-8321（代）